Astrología cabalística

La guía definitiva de la astrología hebrea, el antiguo misticismo judío, los signos del zodíaco, la carta natal cabalística y la lectura del tarot cabalístico

© Copyright 2024

Todos los derechos reservados. Ninguna parte de este libro puede ser reproducida de ninguna forma sin el permiso escrito del autor. Los revisores pueden citar breves pasajes en las reseñas.

Descargo de responsabilidad: Ninguna parte de esta publicación puede ser reproducida o transmitida de ninguna forma o por ningún medio, mecánico o electrónico, incluyendo fotocopias o grabaciones, o por ningún sistema de almacenamiento y recuperación de información, o transmitida por correo electrónico sin permiso escrito del editor.

Si bien se ha hecho todo lo posible por verificar la información proporcionada en esta publicación, ni el autor ni el editor asumen responsabilidad alguna por los errores, omisiones o interpretaciones contrarias al tema aquí tratado.

Este libro es solo para fines de entretenimiento. Las opiniones expresadas son únicamente las del autor y no deben tomarse como instrucciones u órdenes de expertos. El lector es responsable de sus propias acciones.

La adhesión a todas las leyes y regulaciones aplicables, incluyendo las leyes internacionales, federales, estatales y locales que rigen la concesión de licencias profesionales, las prácticas comerciales, la publicidad y todos los demás aspectos de la realización de negocios en los EE. UU., Canadá, Reino Unido o cualquier otra jurisdicción es responsabilidad exclusiva del comprador o del lector.

Ni el autor ni el editor asumen responsabilidad alguna en nombre del comprador o lector de estos materiales. Cualquier desaire percibido de cualquier individuo u organización es puramente involuntario.

Su regalo gratuito

¡Gracias por descargar este libro! Si desea aprender más acerca de varios temas de espiritualidad, entonces únase a la comunidad de Mari Silva y obtenga el MP3 de meditación guiada para despertar su tercer ojo. Este MP3 de meditación guiada está diseñado para abrir y fortalecer el tercer ojo para que pueda experimentar un estado superior de conciencia.

https://livetolearn.lpages.co/mari-silva-third-eye-meditation-mp3-spanish/

¡O escanee el código QR!

Índice de contenidos

INTRODUCCIÓN 1
CAPÍTULO 1: CUANDO LA CÁBALA SE UNE CON LA ASTROLOGÍA 3
CAPÍTULO 2: EL ÁRBOL CABALÍSTICO DE LA VIDA 18
CAPÍTULO 3: ESFERAS, PLANETAS Y ESTRELLAS............................37
CAPÍTULO 4: A TRAVÉS DEL ZODÍACO I. SIGNOS CARDINALES 44
CAPÍTULO 5: A TRAVÉS DEL ZODÍACO II. LOS SIGNOS FIJOS 53
CAPÍTULO 6: A TRAVÉS DEL ZODÍACO III. SIGNOS MUTABLES............. 58
CAPÍTULO 7: LECCIONES SOBRE LOS NODOS LUNARES 63
CAPÍTULO 8: LECTURA DE LA CARTA NATAL CABALÍSTICA 71
CAPÍTULO 9: LA CÁBALA Y LAS CARTAS DEL TAROT.............................. 79
CAPÍTULO 10: LECTURA CABALÍSTICA DEL TAROT 99
CONCLUSIÓN.. 110
VEA MÁS LIBROS ESCRITOS POR MARI SILVA 112
SU REGALO GRATUITO... 113
REFERENCIAS 114

Introducción

La religión, en cualquiera de sus formas, ha existido durante miles de años. Aunque las doctrinas específicas, los valores fundamentales y las expresiones de cada religión varían, todas comparten la creencia en algo más allá del mundo material. Aunque algunas religiones depositan su fe en conceptos relativamente sencillos y fácilmente comprensibles para cualquier profano, otras optan por profundizar en los misterios que rodean al universo. Muchas religiones tradicionales tienen ramificaciones que estudian el misticismo y el esoterismo, ocupándose de la energía espiritual y metafísica que creen que existe más allá del mundo perceptible.

Cuando un grupo de personas se reúne para explorar el conocimiento arcano y oculto, tienden a quedar al margen de la sociedad. Por ello, a menudo se crean cofradías, hermandades y organizaciones secretas para ofrecer a los interesados en este tipo de temas un lugar seguro donde practicar rituales sagrados y compartir sus ideas. Algunas de estas sociedades «secretas» ya no se ocultan a plena vista. Los francmasones, por ejemplo, han estado en primera plana de la cultura popular desde hace años, hasta el punto de que la sola idea de que la francmasonería pudiera albergar alguna agenda oculta hoy en día es irrisoria.

Los Illuminati, una organización muy real conocida como los Illuminati bávaros, que fue disuelta por la fuerza en 1787, se han convertido en un cajón de sastre para las sociedades secretas que supuestamente operan en la sombra. En realidad, aunque hubo algunos pobres intentos de resucitar a los Illuminati, existen principalmente en el ámbito de la ficción en forma de cómodos antagonistas que se comportan de forma críptica y dejan enigmáticas pistas por todas partes para que los héroes las descifren, frustrando en última instancia un complot de poder mal definido. Lo cierto es que las organizaciones secretas de la historia sólo se ocultaban de la vista del público porque existían en una época en la que cualquier desviación de las ideas, el discurso y las prácticas religiosas populares podía acarrear la pena de muerte para quienes fueran descubiertos. Era un mecanismo puramente impulsado por la supervivencia, no por la dominación del mundo.

Hoy en día, la mayoría de las formas de religión o sus ramificaciones pueden practicarse libremente sin temor a ser encarcelados o ejecutados. Esto no significa que la gente no condene al ostracismo o menosprecie a alguien por hacerlo. Aun así, fuera de las zonas donde la religión está estrictamente ordenada y regulada por el Estado, no hay mucho peligro en revelar públicamente su sistema de creencias. Cosas como el paganismo, la wicca, la espiritualidad de la nueva era, el esoterismo y el misticismo han ganado muchos adeptos desde principios del siglo XXI. La tecnología y las comunicaciones han evolucionado hasta el punto de que no es muy difícil encontrar personas afines que compartan sus intereses. Esto es especialmente cierto en el caso de las religiones y prácticas religiosas no tradicionales.

Uno de los sistemas religiosos más populares del mundo es la cábala. Experimentó un crecimiento exponencial después de que una serie de famosos de alto nivel empezaran a practicarla. Sin embargo, la cábala es mucho más de lo que se dice en las redes sociales o en las entrevistas de alfombra roja. Sus raíces se remontan al antiguo judaísmo. La astrología es otra forma de esoterismo que prevalece en la sociedad moderna. Supongamos que alguna vez ha leído su horóscopo o investigado su signo zodiacal. En ese caso, tendrá al menos una familiaridad pasajera con ella. Tanto la cábala como la astrología conectan profundamente con el lado espiritual y metafísico del universo. Aunque aún quedan muchos misterios por desvelar, aprender más sobre ellas puede arrojar luz sobre algunos aspectos muy interesantes de su vida que quizá nunca antes hubiera conocido. A cualquiera que le fascine la idea de que puede descubrir su espíritu interior o recibir presagios del futuro, seguro que le encantará leer este libro y aprender más al respecto.

Capítulo 1: Cuando la cábala se une con la astrología

La cábala y la astrología son dos pilares importantes del esoterismo occidental. Hay una rica historia detrás de la cábala y su desarrollo desde sus inicios hasta nuestros días. La astrología tiene una tradición aún más larga entre muchas culturas diferentes, desde la antigua China, Babilonia, India, Mesopotamia y el Imperio maya. Ambas prácticas están muy interrelacionadas. La astrología ocupa un lugar importante dentro de la cábala en lo que respecta a la lectura de cartas natales, el estudio de los signos zodiacales y la interpretación de las cartas del tarot. Hay mucho que aprender sobre la cábala y la astrología y cómo se entremezclan para examinar exhaustivamente su personalidad, sus características, sus ambiciones y su pasado, presente y futuro.

La cábala tiene una rica historia en su conexión con la astrología
https://pxhere.com/en/photo/848342

¿Qué es la cábala?

La cábala es una antigua tradición judía de misticismo que busca desvelar los misterios de Dios y del universo. Las enseñanzas centrales de la cábala incluyen el concepto del *Ein Sof*, un ser divino más allá de la comprensión humana, y la idea de que el universo es una manifestación de las emanaciones de *Ein Sof*, conocidas como sefirot. La cábala hace especial hincapié en el estudio de la *Zorah*, o *Biblia* hebrea, y otros textos sagrados. La meditación, los rituales y la oración se utilizan como medio para conectar con lo divino y obtener una comprensión más profunda de los aspectos ocultos del universo. El objetivo final es alcanzar la iluminación espiritual y una mejor comprensión y conciencia.

Historia de la cábala

La historia de la cábala se remonta al siglo XII en España y el sur de Francia, especialmente en la región de Provenza, donde místicos y eruditos judíos empezaron a explorar una nueva forma de entender la teología y la espiritualidad judías. Estos primeros cabalistas se inspiraron en tradiciones místicas judías anteriores, como la *Merkabah* y el misticismo *Hekhalot*. También se vieron influidos por el neoplatonismo y el gnosticismo, así como por los escritos del rabino francés Isaac el ciego. La cábala ha influido sustancialmente otros movimientos religiosos y filosóficos, como el judaísmo jasídico, el hermetismo, la cábala cristiana y la cábala hermética.

Un hito importante en la historia de la cábala fue la publicación del *Zohar* en el siglo XIII por el rabino y místico español Moisés de León. Este libro se considera la base de la literatura cabalística. Contiene interpretaciones de las escrituras, señalando casos de misticismo en la *Torá*, así como contenidos relativos a la psicología mítica y la cosmogonía mítica. También profundiza en conceptos espirituales y filosóficos, como la naturaleza de Dios, la creación y estructura del universo, la esencia de las almas, el camino hacia la redención, la relación entre el ego y la oscuridad, el «yo verdadero» y la luz de Dios.

Originalmente, la cábala era una obra restringida y no se enseñaba ampliamente a la población general del mundo judío. Sin embargo, esto empezó a cambiar tras una serie de penurias sufridas por la comunidad judía durante la Edad Media, con el auge del antisemitismo. Esto culminó con el Decreto de la Alhambra (Edicto de Expulsión), un edicto conjunto emitido por Isabel I de Castilla y Fernando II de Aragón, los monarcas católicos de España, que ordenaba a todos los judíos practicantes desalojar sus reinos y territorios en 1492. Este acto pretendía obstaculizar la creciente influencia religiosa y económica del pueblo judío. Se temía que si controlaban los bancos y los préstamos, erosionaría el poder de la Corona. Isabel y Fernando también temían que muchos de los recién convertidos «cristianos nuevos» de España volvieran al judaísmo, disminuyendo el prestigio y el control de la Iglesia católica.

El antisemitismo siguió extendiéndose a lo largo del siglo XVI. Como resultado del trauma cultural compartido que sufrió el pueblo judío, aumentó la creencia de que la llegada de un «mesías judío» era inminente. El mesías judío era totalmente distinto del Mesías cristiano o Jesucristo. Sin embargo, su función en sus respectivas religiones era muy similar. El pueblo judío albergaba la esperanza de que su mesías vendría a salvarlos, liberándolos del exilio y redimiendo a los fieles. Esta forma de mesianismo fue alentada por los místicos judíos de Safed, un pequeño asentamiento en la región de Galilea, que ahora forma parte del norte de Israel.

Hubo una lucha por la prominencia dentro del cabalismo entre la doctrina expuesta en el *Zohar* y los principios de los místicos de Safed. Las enseñanzas de Isaac Luria, un destacado rabino y místico de Safed, provocaron la mayor transformación de la cábala, que adoptó muchas de sus creencias mesiánicas. El cabalismo luriánico reinterpretó el Idra, que era la sección más esotérica del *Zohar*. Enfatizaba las creencias de la reencarnación, el mesianismo y «*Tohu* y *Tikkun*». *Tohu* y *Tikkun* representan la naturaleza de la dualidad, con Tohu significando caos y confusión, mientras que *Tikkun* representa orden y rectificación. Las enseñanzas de Luria se consideran tan fundamentales para la cábala como el *Zohar*.

La amplia aceptación de la cábala dentro de la cultura judía hizo que ganara más influencia en el pueblo. En 1540, se decidió que los fundamentos de la cábala debían enseñarse públicamente a personas de todas las edades. Según los místicos judíos, sólo cuando la cábala se hubiera extendido a los cuatro rincones del mundo, la violencia, el odio, la destrucción y la guerra llegarían a su fin, permitiendo que la paz, la armonía y el amor reinaran en los días previos a la venida del mesías judío. Una vez que esto sucediera, el tiempo y el espacio se encogerían, mientras la gente aprendería los secretos de la inmortalidad.

La cábala tuvo un gran impacto en el desarrollo del jasidismo. Este movimiento espiritual respaldaba la inmanencia de Dios, que enseñaba que estaba presente en todo el universo. También promovía la idea de que uno debía esforzarse por mantener una relación personal con Él en todo momento, así como la importancia de la devoción en las prácticas religiosas y el significado espiritual de las acciones físicas y la vida cotidiana. En el judaísmo jasídico, los adeptos se dividen en «cortes» o «dinastías», cada una dirigida por un Rebe, que actúa como su líder espiritual.

En la primera mitad del siglo XVIII, la cábala «moderna» empezó a tomar forma. El rabino y filósofo italiano Moshe Chaim Luzzatto fundó una «*yeshiva*», o institución educativa judía centrada en la *halajá* (ley judía) y el *Talmud*, con el propósito específico de ofrecer a los alumnos un lugar donde estudiar la cábala. Aunque con el tiempo Luzzatto se vio obligado a cerrar su *yeshiva* y a entregar sus escritos sobre temas de cábala y misticismo, sus obras, que lograron sobrevivir, son a menudo un punto de partida para las personas que desean sumergirse en el lado esotérico del judaísmo.

La cábala también influyó significativamente en el desarrollo del misticismo en otras religiones, como la cábala cristiana y la cábala hermética. La cábala cristiana surgió en el siglo XVI y adaptó las creencias de la cábala a la teología cristiana. Se desarrolló principalmente entre eruditos cristianos que estudiaron textos cabalísticos judíos en su intento de demostrar la verdad del cristianismo a través de la óptica del misticismo y el esoterismo. La cábala cristiana también hace hincapié en el significado espiritual de la Biblia y la liturgia cristiana.

La cábala hermética, también conocida como hermetismo, surgió como una forma de misticismo a finales de la Edad Media. Se basa en una mezcla sincrética de cábala, cábala cristiana, neoplatonismo, gnosticismo y otras tradiciones espirituales y filosóficas. La cábala hermética se asocia a menudo con el Corpus Hermético, un grupo de textos del periodo helenístico que enseñaba los principios del hermetismo. Hace hincapié en el estudio del Árbol de la vida, un símbolo místico que representa el camino hacia la iluminación y la relación entre el microcosmos y el macrocosmos.

A principios del siglo XXI, la cábala saltó a la palestra debido a que varios famosos se declararon cabalistas. Entre ellos estaban Madonna, Ashton Kutcher y su entonces esposa, Demi Moore, Britney Spears, Gwyneth Paltrow, Paris Hilton y Lindsay Lohan. Sin embargo, muchos de ellos renunciaron a ella a mediados de la década de 2010, ya que no estaban dispuestos a dedicarse por completo a la religión. En su lugar, los famosos y las personas sobre las que ejercían influencia consideraban la cábala como un atajo hacia la iluminación espiritual, y esgrimían sus principios básicos como arma de autoayuda. A pesar del desinterés de los famosos y las personas influyentes, la cábala sigue siendo estudiada y practicada por muchos judíos y no judíos. Se considera una de las tradiciones espirituales más importantes de la historia judía.

¿Qué es la astrología?

La astrología es un sistema de creencias que sostiene que las posiciones y movimientos de los cuerpos celestes, como el sol, la luna y los planetas, influyen en el comportamiento humano y en el mundo natural. Se cree que la ubicación de los cuerpos celestes en el momento del nacimiento de una persona puede predecir ciertas características y acontecimientos de su vida y explicar aspectos de su personalidad, relaciones y presagios para el futuro. Arraigada en culturas antiguas, sobre todo en Oriente

Próximo y el Mediterráneo, la astrología pervive y aún se practica ampliamente.

La astrología es el sistema de creencias que interpreta los efectos de los astros en nuestras vidas
ESA/Hubble, CC BY 4.0 https://creativecommons.org/licenses/by/4.0, vía Wikimedia Commons
https://commons.wikimedia.org/wiki/File:Starsinthesky.jpg

La idea central de la astrología es que el universo está ordenado y que los movimientos de los cuerpos celestes reflejan patrones y ciclos que pueden entenderse, interpretarse y predecirse. Se divide en varias ramas, como la astrología natal, que se ocupa de estudiar la carta astral de un individuo, y la astrología mundana, que se centra en estudiar las influencias astrológicas en los acontecimientos mundiales y en grandes grupos de personas. Aprender a leer cartas astrales, estrellas y alineaciones es el primer paso para convertirse en astrólogo. No siempre es fácil, pero puede ser increíblemente gratificante.

Es importante señalar que la astrología no es lo mismo que la astronomía, que es el estudio de los objetos celestes y los fenómenos que se originan fuera de la atmósfera terrestre. La astrología no se considera una disciplina científica sólida, sino una pseudociencia y un tipo de adivinación. Mientras que la astronomía se centra puramente en lo que puede observarse o deducirse mediante las leyes de la naturaleza, la astrología se ocupa más de la psicología, las emociones y el comportamiento. Puede resultar difícil demostrar definitivamente la veracidad de la astrología. Aun así, quienes se la toman en serio e intentan hacer las cosas bien suelen quedar gratamente sorprendidos por los resultados positivos.

Historia de la astrología

La astrología tiene su origen en muchas civilizaciones antiguas dispares, como los mayas, los chinos, los indios, los babilonios, los egipcios y los griegos. Se atribuye a los babilonios el desarrollo del primer sistema de astrología alrededor del año 2.400 a. C., que utilizaban principalmente para predecir eclipses y otros acontecimientos celestes. El primer texto que describe la astrología apareció hacia el 1.400 a. C. en el subcontinente indio y se llamaba *Vedanga Jyotisha*. Los mayas tenían su propia forma de astrología, utilizando las estrellas para determinar los diferentes signos y seguir el paso del tiempo en su infame calendario. El año maya tenía sólo 260 días, divididos en 13 números galácticos (similares a los meses), con 20 días en cada número galáctico.

En el antiguo Egipto, la astrología estaba estrechamente ligada a las creencias religiosas y se utilizaba para predecir el destino de los faraones y del reino. Los egipcios también desarrollaron una forma de astrología horoscópica, que utiliza la posición del sol, la luna y los planetas en el momento del nacimiento de una persona para hacer predicciones sobre su futuro. La antigua versión griega de la astrología se vio influida por las obras de filósofos como Pitágoras y Platón, que creían en la conexión entre el reino celeste y el mundo humano. El sistema griego de astrología fue adoptado más tarde por los romanos, que lo extendieron por todo su imperio.

La astrología fue ampliamente aceptada como disciplina legítima en Europa durante la Edad Media. Los monarcas la utilizaban a menudo para tomar decisiones sobre asuntos de Estado. También desempeñó un papel en el desarrollo de la astronomía moderna, ya que muchos de los primeros astrónomos eran también astrólogos. Sin embargo, durante la revolución científica de los siglos XVI y XVII, la astrología perdió terreno como ciencia, ya que se descubrió que era incapaz de proporcionar predicciones fiables, lo que muchos tacharon de superstición. Hoy en día, la astrología se utiliza principalmente para la autoayuda, el entretenimiento y la autoexploración.

Cábala, astrología y esoterismo occidental

La cábala, la astrología y el esoterismo occidental son formas de pensamiento espiritual y místico que buscan explorar el conocimiento oculto, comprender la influencia de los cuerpos celestes y aspirar a la iluminación espiritual. Aunque las tres comparten algunos puntos en común y pueden practicarse juntas, cada una tiene sus propias enseñanzas y tradiciones específicas con claras diferencias. La cábala se centra más en Dios y el universo, sobre todo por la importancia de los textos sagrados que documentan la historia del pueblo judío. La astrología se ocupa principalmente de los movimientos de los cuerpos celestes, sus posiciones relativas y cómo pueden influir en los asuntos humanos y el mundo natural. El esoterismo occidental abarca una amplia gama de tradiciones místicas y espirituales y experimentó su desarrollo dentro de las sociedades occidentales, incluyendo prácticas como el rosacrucismo, el hermetismo, la alquimia y la teosofía.

Calendario cabalístico

El calendario cabalístico es un calendario único e independiente del calendario gregoriano. Se basa en el ciclo de los meses lunares y, como ocurre con todos los calendarios centrados en las fases de la luna, hay momentos en los que se retrasa, por lo que es necesario añadir meses temporales. Debido a que este calendario fue diseñado específicamente para la cábala, permite a las personas alinear sus prácticas espirituales, rituales y creencias místicas con las energías del universo. Según la cábala, ciertos días y horas son más propicios para aspectos específicos de estas costumbres, por lo que su calendario permite a los individuos identificar esos días y horas.

El calendario de la cábala se divide en cuatro fases que corresponden a los cuatro mundos de la cábala: *Atzilut, Beriah, Yetzirah* y *Asiyah*. Cada fase está relacionada con una etapa diferente del viaje espiritual y se asocia con prácticas espirituales distintivas. Se divide en 72 semanas, cada una de las cuales está relacionada con una sefirá o atributo específico de Dios. Cada semana está asociada a una determinada costumbre o meditación, que ayuda a su alineación espiritual. Es importante señalar que el calendario de la cábala no es muy utilizado por las comunidades judías tradicionales y se considera parte de la erudición moderna de la cábala, a diferencia de la interpretación original. Aunque el calendario judío tradicional también se basa en ciclos lunares, el calendario específicamente vinculado a la cábala es rechazado por muchos líderes dentro del judaísmo.

Cómo funciona el calendario cabalístico

Los días del calendario cabalístico se consideran positivos, negativos o neutros. Los días positivos poseen abundante energía y son ideales para comenzar nuevos proyectos como casarse, comprar una nueva casa, plantar semillas en un jardín o embarcarse en una nueva aventura empresarial. Los días especialmente cargados de energía positiva son los primeros de cada mes, que coinciden con las lunas nuevas. Empezar el mes aprovechando la energía positiva del primer día puede extender esa energía a todo el mes.

Los días negativos carecen de energía, lo que los convierte en lo contrario de los días positivos. Las cosas en su vida iniciadas en días negativos tienen más probabilidades de fracasar, ya que toda la empresa estará impregnada de energía negativa. Los días neutros no tienen ni más ni menos energía, permaneciendo totalmente equilibrados. Puede comenzar una empresa en un día neutro y tener éxito, pero será más difícil que si lo hiciera en un día positivo. Las probabilidades de fracasar serán menores que si lo hace en un día negativo.

El día sagrado judío, conocido como *Shabat*, comienza al anochecer de cada viernes y termina al atardecer del sábado. Los cabalistas creen que el *Shabat* es el único día de la semana en que los reinos espiritual y físico se alinean, lo que aumenta la cantidad de energía positiva durante este periodo. El flujo de energía espiritual también se intensifica durante el *Shabat*, lo que la hace disponible para las conexiones personales y el crecimiento individual. El *Shabat* permite a los practicantes acceder a un nivel superior de sus almas y cambiar sus destinos para la semana siguiente.

Las fiestas que se celebran durante el año judío no son sólo tradición. Están imbuidas de mucha energía positiva, lo que las convierte en poderosas herramientas de crecimiento y mejora personal. Estas fiestas sirven como portales cósmicos en el tiempo que permiten la conexión con diversas frecuencias de energía espiritual positiva, lo que puede ayudar a eliminar la negatividad y el caos, conduciendo a una mayor realización en la vida. Cada festividad ofrece un canal único para acceder a esta energía espiritual y aprender a crecer como persona.

Meses del calendario cabalístico

- *Nisán:* Es el primer mes según el cómputo eclesiástico y el séptimo mes (octavo en los años bisiestos) según el cómputo civil del calendario cabalístico. *Nisán* tiene 30 días. Es aproximadamente el equivalente de marzo a abril en el calendario gregoriano. Las principales fiestas judías que se celebran en *Nisán* son la Pascua judía y el *Akitu.*

- *Iyar:* Es el 2º mes según el cómputo eclesiástico y el 8º mes (9º en los años bisiestos) según el cómputo civil del calendario cabalístico. *Iyar* tiene 29 días. Es aproximadamente el equivalente de abril a mayo en el calendario gregoriano. Durante este mes se celebran *Pésaj Sheni* y *Lag Baomer.*

- *Sivan:* Es el tercer mes según el calendario eclesiástico y el noveno (décimo en los años bisiestos) según el calendario civil cabalístico. *Sivan* tiene 30 días. Es aproximadamente el equivalente de mayo a junio en el calendario gregoriano. La fiesta judía de *Shavuot* se celebra en *Sivan.*

- *Tamuz:* Es el cuarto mes según el calendario eclesiástico y el décimo (undécimo en los años bisiestos) según el calendario civil cabalístico. *Tamuz* tiene 29 días. Es aproximadamente el equivalente de junio a julio en el calendario gregoriano. El día de ayuno conocido como el Diecisiete de *Tamuz* cae dentro de este mes.

- *Av:* Es el quinto mes según la cuenta eclesiástica y el onceavo mes (doceavo en años bisiestos) según la cuenta civil del calendario cabalístico. *Av* tiene 30 días. Es aproximadamente el equivalente de julio a agosto en el calendario gregoriano. Las festividades judías de *Tisha B'Av* y *Su B'Av* se celebran durante *Av.*

- *Elul:* Es el sexto mes según el cálculo eclesiástico y el doceavo mes (treceavo en los años bisiestos) según el cálculo civil del calendario cabalístico. *Elul* tiene 29 días. Es aproximadamente el equivalente de agosto a septiembre en el calendario gregoriano. *Elul* es tradicionalmente un mes de arrepentimiento como preparación para las Altas Fiestas de *Tishrei.*

- *Tishrei:* Es el séptimo mes según el cómputo eclesiástico y el primero según el cómputo civil del calendario cabalístico.

Tishrei tiene 30 días. Es aproximadamente el equivalente de septiembre a octubre en el calendario gregoriano. Además de la celebración del Año Nuevo judío, las principales festividades judías que tienen lugar en *Tishrei* incluyen las Altas Fiestas de *Rosh Hashaná* y *Yom Kipur*.

- *Adar:* Es el octavo mes según el cómputo eclesiástico y el segundo según el cómputo civil del calendario cabalístico. *Cheshvan* tiene 29 o 30 días, dependiendo de si *Rosh Hashaná* se pospone o no ese año. Equivale aproximadamente a octubre y noviembre en el calendario gregoriano. *Marcheshvan* y el Ayuno de *Behav* caen dentro de *Cheshvan*.

- *Kislev:* Es el noveno mes según el cómputo eclesiástico y el tercero según el cómputo civil del calendario cabalístico. *Kislev* tiene 29 o 30 días, dependiendo de si *Rosh Hashaná* se pospone o no ese año. Equivale aproximadamente a noviembre y diciembre en el calendario gregoriano. La gran fiesta judía de *Hanukkah* se celebra en *Kislev*.

- *Tevet:* Es el décimo mes según el cómputo eclesiástico y el cuarto según el cómputo civil del calendario cabalístico. *Tevet* tiene 29 días. Es aproximadamente el equivalente de diciembre a enero en el calendario gregoriano. Si *Kislev* es corto, *Hanukkah* terminará en *Tevet*. El día de ayuno conocido como el Diez de *Tevet* también cae dentro de este mes.

- *Shevat:* Es el undécimo mes según el cómputo eclesiástico y el quinto según el cómputo civil del calendario cabalístico. *Shevat* tiene 30 días. Es aproximadamente el equivalente de enero a febrero en el calendario gregoriano. Su *Bishvat*, fiesta judía que celebra la renovación de los árboles, cae dentro de *Shevat*.

- *Adar:* Es el duodécimo mes según el cómputo eclesiástico y el sexto según el cómputo civil del calendario cabalístico. *Adar* tiene 29 días. Es aproximadamente el equivalente de febrero a marzo en el calendario gregoriano. En los años bisiestos, a *Shevat* le sigue *Adar Aleph* o *Adar* I, un mes intercalar de 30 días. A *Adar Aleph* le sigue este mes, llamado *Adar Bet* o *Adar* II. Las principales fiestas judías que se celebran en este mes son *Purim*, la Fiesta de Ester, y el ayuno conocido como el Séptimo de *Adar*, que conmemora la muerte de Moisés.

Calendario cabalístico vs. calendario gregoriano

Aunque existen algunos puntos en común y similitudes entre los calendarios cabalístico y gregoriano, hay algunas diferencias clave. El calendario gregoriano se basa en ciclos solares para establecer los meses y los años, mientras que el calendario cabalístico se basa en ciclos lunares. La mayoría de los principales calendarios del mundo son lunares, y sólo el Juliano y el Gregoriano utilizan años solares. El calendario gregoriano es el principal de las civilizaciones occidentales, por lo que suele ser el calendario con el que están familiarizados la mayoría de los occidentales. No intenta sincronizarse con los ciclos lunares, a pesar de la prevalencia de los calendarios basados en la luna del resto del mundo.

El calendario gregoriano está sincronizado con una revolución completa alrededor del sol, que dura aproximadamente 365,2422 días. La mayoría de los años tienen 365 días, con meses de 30 o 31 días, excepto febrero, que tiene 28 días. Para tener en cuenta la fracción extra de un día y realinear el año civil con la revolución de la Tierra alrededor del sol, se añade un «día bisiesto» al final de febrero cada 4 años, lo que se conoce como «años bisiestos». Sin embargo, el calendario seguirá estando ligeramente desfasado al cabo de un siglo aproximadamente. Para remediarlo, todos los años exactamente divisibles por 100 no serán bisiestos, pero los años centuriados que puedan dividirse exactamente por 400 serán bisiestos. Esto significa que los años 1700, 1800 y 1900 no fueron bisiestos, pero el 2000 sí lo fue.

Mientras tanto, el calendario cabalístico casi siempre tendrá un mes nuevo que coincide con una luna nueva y dura hasta el final del ciclo lunar. El calendario cabalístico a veces añade un decimotercer mes a un año concreto para compensar las discrepancias acumuladas durante varios años debido a la sincronización de los meses con el ciclo lunar en lugar del ciclo solar. Esto ocurre normalmente cada 2 o 3 años a lo largo de un ciclo de 19 años, con siete años bisiestos durante el ciclo. El mes adicional se sitúa entre *Shevat* y *Adar*, los meses 11 y 12, respectivamente, según el cómputo eclesiástico. Esencialmente divide *Adar* en dos meses, el primero con 30 días y el segundo con los 29 días habituales.

Los meses adicionales están marcados con un epíteto de las dos primeras letras del alfabeto hebreo, «*Aleph*» y «*Bet*», o simplemente añadiendo los números romanos «I» y «II» al final de *Adar*. Parte de la razón de sincronizar el calendario cabalístico con el calendario solar es garantizar que las fiestas judías también permanezcan sincronizadas con el calendario gregoriano. Esto facilita que los practicantes de la cábala y del judaísmo en general que viven en el mundo occidental celebren sus principales festividades aproximadamente al mismo tiempo cada año.

Los años bisiestos del calendario cabalístico están determinados por el ciclo metónico, que se basa en el hecho de que hay aproximadamente 235 meses lunares en 19 años solares. Los años 3, 6, 8, 11, 14, 17 y 19 dentro del ciclo de 19 años son bisiestos. Para determinar si un año cabalístico es bisiesto, hay que encontrar su posición dentro del ciclo metónico de 19 años. Esta posición se calcula dividiendo el número del año cabalístico por 19 y hallando el resto. Por ejemplo, si el año cabalístico 5782 (el equivalente al año 2022 en el calendario gregoriano) se divide por 19, quedan 6, lo que indica que es un año bisiesto. Obsérvese que en el calendario judío no hay año 0, por lo que si queda 0 significa que el año es el 19 del ciclo metónico, que es bisiesto.

Otra diferencia con el calendario gregoriano es que el calendario cabalístico puede añadir o restar días para evitar que las principales fiestas judías, como *Rosh Hashaná*, caigan en determinados días de la semana. Se puede añadir un día a *Adar*, el octavo mes, o restarlo de *Kislev*, el noveno. En última instancia, estos ajustes hacen que cualquier año del calendario cabalístico pueda tener 6 duraciones diferentes. Los años comunes pueden tener 353, 354 o 355 días, mientras que los bisiestos pueden tener 383, 384 o 385 días. Los años con 353 o 383 días se conocen como años deficientes; los años con 354 o 384 se conocen como años regulares; y los años con 355 o 385 días se conocen como años completos.

Principios cabalísticos y astrológicos

La astrología cabalística utiliza la lectura de la carta astral, al igual que otras formas de astrología, para ayudarle a descubrirse a sí mismo, a desarrollar su potencial y a mejorar su capacidad para comunicar y expresar sus ideas, visiones y emociones. También puede ayudarle a comprender cómo interactuar eficazmente con los demás. Cada persona nace con talentos y retos únicos asociados a su signo astrológico. Estos signos sirven como guías, destacando los problemas que deben superarse e identificando su propósito en la vida. El objetivo último de la astrología cabalística es trascender los efectos del universo y afirmar el control sobre su propia vida.

Los signos del Zodíaco no determinan tanto los rasgos de su personalidad como su personalidad dicta su signo. El karma adquirido en una vida anterior determina bajo qué signo debe nacer para adquirir los atributos y características necesarios para corregir los errores del pasado, encontrar el crecimiento personal y mejorar hasta convertirse en una versión mejor de usted mismo. Lo ideal es que llegue al punto en el que se haya convertido en su mejor yo, lo que significa que puede encontrar la unidad con Dios. Este es un punto crítico de las enseñanzas de la cábala, especialmente porque fue expuesto por el patriarca Abraham hace unos 3.800 años en el texto llamado *Sefer Yetzirah*, el *Libro de la formación*. Abraham es considerado el primer astrólogo de la cábala.

La mayor diferencia entre la astrología cabalística y otras formas de astrología es que la primera utiliza un calendario lunar, y la segunda tiende a utilizar calendarios solares, en particular el calendario gregoriano. Aunque los nombres del Zodíaco en la cábala siguen siendo los mismos, cada signo corresponde a un único mes cabalístico en lugar de estar dividido en dos meses como ocurre con el calendario gregoriano. Los meses cabalísticos y sus signos del Zodíaco son los siguientes:

- **Aries (*Nisan*)**: El carnero (nombre hebreo: *Taleh*)
- **Tauro (*Iyar*)**: El toro (nombre hebreo: *Shor*)
- **Géminis (*Sivan*)**: Los gemelos (nombre hebreo: *Teomim*)
- **Cáncer (*Tamuz*)**: El cangrejo (nombre hebreo: *Sartan*)
- **Leo (*Av*)**: El león (nombre hebreo: *Aryeh*)
- **Virgo (*Elul*)**: La virgen (nombre hebreo: *Betulah*)
- **Libra (*Tishrei*)**: La balanza (nombre hebreo: *Moznaim*)
- **Escorpio (*Cheshvan*)**: El escorpión (nombre hebreo: *'Akrav*)
- **Sagitario (*Kislev*)**: El arquero (nombre hebreo: *Kashat*)
- **Capricornio (*Tevet*)**: La cabra (nombre hebreo: *G'di*)
- **Acuario (*Shevat*)**: El aguador (nombre hebreo: *D'li*)
- **Piscis (*Adar* I y *Adar* II)**: El pez (nombre hebreo: *Adar*)

El papel de la astrología cabalística en la lectura del tarot

La astrología cabalística desempeña un papel importante en la lectura del tarot, proporcionando un marco para interpretar los significados y el simbolismo de las cartas del tarot. La cábala, como una antigua tradición mística judía, se centra en los aspectos espirituales del universo y la conexión entre Dios, la humanidad y el mundo. Dado que enseña que todo en el universo está interconectado, las cartas del tarot se pueden utilizar para comprender y acceder a la sabiduría oculta del universo. Proporciona una perspectiva espiritual y mística en la baraja de tarot y ayuda a descubrir la sabiduría oculta y las ideas que las cartas del tarot pueden ofrecer.

En la lectura del tarot, el enfoque que utiliza la astrología cabalística ofrece una comprensión de cómo el Árbol de la vida, un símbolo cabalístico importante, se relaciona con la estructura del universo. El Árbol de la vida consta de diez sefirot, o emanaciones, que corresponden a las cartas de los arcanos mayores del tarot. Las sefirot representan diferentes aspectos del universo y de la experiencia humana, que pueden utilizarse para comprender los significados más profundos de las cartas del tarot. La cábala también enseña el concepto del «*Ein Sof*», el aspecto infinito e incognoscible de Dios. Esto conecta con las cartas «Incognoscibles» del tarot, como la Suma sacerdotisa y el Ermitaño.

Capítulo 2: El Árbol cabalístico de la vida

El Árbol de la vida cabalístico es bien conocido por sus poderes místicos y su perspicacia. Ha formado parte de las tradiciones de la cábala desde hace mucho tiempo, remontándose al profesor y filósofo Paolo Riccio en su traducción latina de 1516 de *Las puertas de la luz*, escrita por el cabalista español Joseph Gikatilla. La primera encarnación moderna del Árbol de la vida cabalístico fue diseñada por el erudito alemán Johann Reuchlin, aunque esta versión carecía de toda la gama de caminos posibles entre las esferas. El diseño de Reuchlin apareció en la portada de *Las Puertas de la luz*; más tarde, los cabalistas aumentarían los 17 caminos originales del Árbol de la vida a 21 o 22 caminos. A finales de 1600, el cabalista alemán Christian Knorr von Rosenroth escribió y publicó *Kabbala Denudat*, donde introdujo una versión actualizada del Árbol de la vida que tenía 11 esferas para complementar los 22 caminos por primera vez.

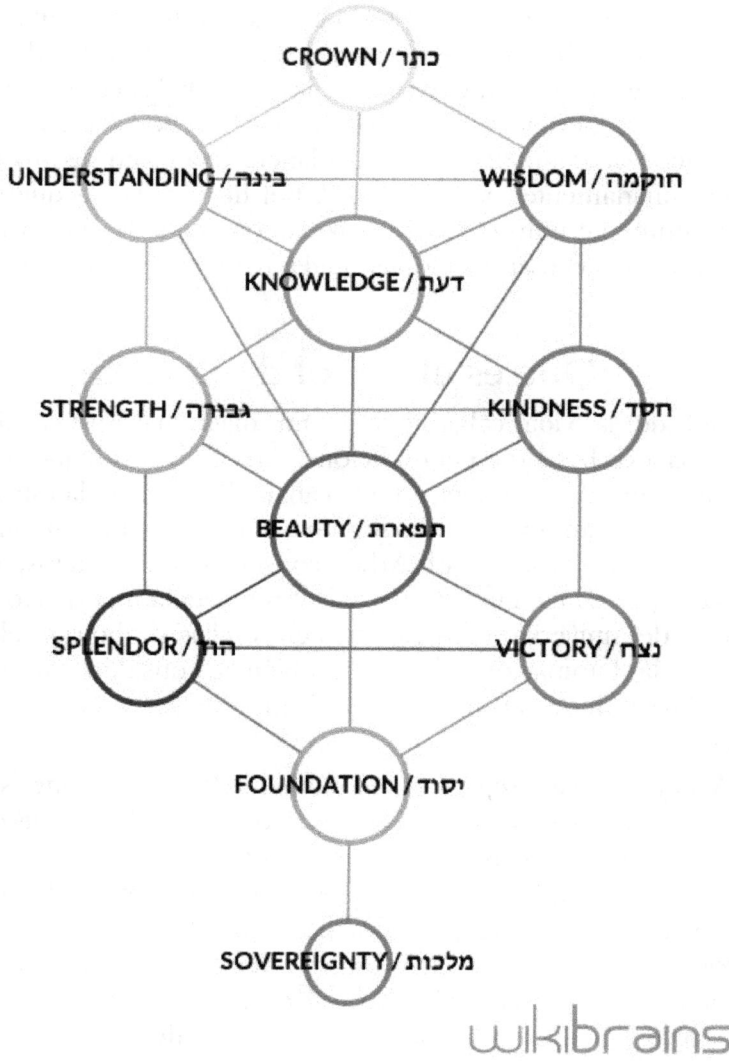

Una versión simplificada del Árbol de la vida cabalístico
Ideasfisherman, CC BY-SA 3.0 https://creativecommons.org/licenses/by-sa/3.0, vía Wikimedia Commons https://commons.wikimedia.org/wiki/File:Kabbalahtree.png

A lo largo de los siglos XVIII y XIX se siguieron realizando actualizaciones adicionales del diagrama, pero aún existían varias versiones distintas que colocaban los nodos individuales en posiciones diferentes. Esto se debió en parte al descubrimiento de nuevos planetas en el sistema solar. Originalmente, la mayoría de los diseños del Árbol de la vida sólo contenían de Mercurio a Urano. Sin embargo, tras confirmarse la existencia de Neptuno y Plutón, éstos se incluyeron en las versiones actualizadas, conservando los 22 caminos de los diseños más antiguos. En el siglo XXI, el Árbol de la vida cabalístico tenía un diseño relativamente coherente utilizado por la mayoría de las fuentes. Cuando Plutón fue degradado de planeta a planeta enano en agosto de 2006, esto, afortunadamente, no afectó al Árbol de la vida, ya que el diseño más comúnmente utilizado ya lo situaba como una «esfera oculta», por lo que no fue necesario cambiar nada para acomodarlo a su nuevo estatus.

¿Qué es el Árbol de la vida?

El Árbol de la vida cabalístico es un diagrama místico de nodos interconectados basado en el tradicional Árbol de la vida judío que sirve como símbolo principal dentro de la cábala. Representa la estructura del universo y el camino hacia la iluminación, ofreciendo múltiples vías posibles para alcanzarlos. El Árbol consta de diez esferas, o sefirot, conectadas por 22 caminos. Cada sefirot representa un aspecto diferente de Dios y del universo, y los caminos entre ellas simbolizan el viaje del alma hacia la iluminación. El árbol también se considera un mapa de la propia alma y de la búsqueda del individuo en su intento de conectar con lo divino.

El Árbol de la vida representa visualmente las dimensiones superior e inferior del universo. Ilustra el concepto de que todo lo que está fuera de nosotros también existe dentro de nosotros, y el Árbol de la vida es un excelente ejemplo de un macrocosmos que existe dentro de un microcosmos. Guía a las personas para que despierten su conciencia superior y regresen a su lugar de origen, ilustrando el microcosmos. El Árbol también representa el potencial de la humanidad para hacer lo mismo, lo que sería el macrocosmos. El Árbol de la vida deriva de las manifestaciones conocidas como el Ain, lo Ilimitado y lo Absoluto. El flujo de fuerzas celestiales en el acto de la creación es lo que moldea y forma cada sefirá. Al igual que el agua se derrama del nivel de una fuente al siguiente, cada sefirá se vuelve más densa que la anterior y tiene más reglas y límites.

Papel en el macrocosmos

En el Árbol de la vida cabalístico, el macrocosmos es el resultado global de cada sefirot y camino trabajando al unísono hacia un objetivo compartido. Así como cada esfera es una pieza individual de un rompecabezas mayor, cada persona que ha vivido fue creada a imagen de Dios, pero carece del conocimiento y del poder de Dios. Sólo cuando una persona trasciende su naturaleza individualista y vuelve a unirse a Dios como parte del todo, se convierte en una pieza plenamente realizada de lo divino. Esto también se representa en la forma en que los planetas individuales componen el sistema solar. Si nos alejamos un poco más, los planetas de nuestro sistema solar giran alrededor del Sol, que no es más que una estrella en una galaxia llena de estrellas. Yendo un paso más allá, nuestra galaxia es una de las *muchas galaxias* del universo conocido.

El papel del microcosmos

El microcosmos en el Árbol de la vida cabalístico está representado por las sefirot individuales, cada una de las cuales posee ciertas características y rasgos que alimentan al Árbol en su conjunto. En última instancia, las sefirot trabajan juntas, conectadas por los 22 senderos, para alcanzar el objetivo compartido de las relaciones armónicas con la Creación y el universo. Cada planeta tiene su propio entorno y ecosistemas, pero el único rebosante de vida es la Tierra. Todas las personas y sus ciudades, pueblos, países y continentes conforman el conjunto de la Tierra y sirven de microcosmos del universo mayor. Si nos acercamos más, podemos ver a cada individuo como poseedor de su propio microcosmos de un universo dentro de sí mismo, especialmente en lo que respecta a los vastos e inexplorados mares de la mente, el cuerpo y el alma.

Conexión con la geometría sagrada

La geometría sagrada es la creencia de que existen formas y proporciones geométricas a las que se puede asignar un significado divino. Estas formas y proporciones sagradas demuestran que Dios es el creador del universo, ya que sería imposible que un universo puramente aleatorio y autoperpetuante poseyera este tipo de diseños. Muchas formas matemáticas pueden observarse en la naturaleza, ya sea a través de sus patrones geométricos o de sus comportamientos. Debido a esto, el punto de vista cabalista es que debe haber sido creado deliberadamente, y el creador debe ser Dios. Estas creencias se confirman en la estructura y el propósito del Árbol de la vida.

La geometría sagrada son formas a las que se asignan significados divinos
Violetcabra, CC0, vía Wikimedia Commons
https://commons.wikimedia.org/wiki/File:Sacred_Geometry_Construction_with_Color.jpg

Los cuatro mundos de la cábala

Los cuatro mundos de la cábala son los reinos de la esencia espiritual y la emanación, incluyendo una cadena descendente de existencia. Se denominan *Atziluth, Beriah, Yetzirah* y *Assiah*. Cada reino con el diseño de los cuatro mundos se sitúa en un nivel diferente y tiene sus propias funciones dentro de la cosmología cabalística. Se cree que los cuatro mundos han sido imbuidos con la fuerza vital creativa de *Ein Sof*, también llamado el creador divino o Dios. Sin embargo, los cuatro mundos no sólo se refieren a su posición dentro del universo o a su papel en su creación - también pueden representar los niveles de conciencia que existen en la psique o experiencia humana.

Atziluth

Atziluth es el primero y más elevado de los cuatro mundos. También se le conoce como el mundo de las emanaciones o el mundo de las causas. Se manifiesta en las tres sefirot superiores del Árbol de la vida. El reino de *Atziluth* se considera eterno, representa la divinidad pura y está relacionado con la emanación de la esencia de Dios, o el acto libre de la voluntad de Dios. Las sefirot de *Atziluth* son una expresión de la proximidad de este reino con el creador. Se considera que toda la creación surge de este reino, originando todo lo que ha sido, es o será. Se identifica con el elemento fuego.

Beriah

Beriah es el segundo reino de los cuatro mundos, el siguiente a *Atziluth*. Su otro nombre es el mundo de la creación. Está asociado con las sefirot de la sabiduría y el entendimiento. *Beriah* trabaja en conjunción con el reino que está por encima de él, ya que es donde las ideas y conceptos de *Atziluth* reciben su forma y expresión tangible. Es el reino del intelecto divino y se supone que es la fuente de los arcángeles y los reinos espirituales. *Beriah* también se considera el reino del pensamiento puro, donde las sefirot permanecen en su forma más pura, pero ahora se utilizan para crear y sostener el universo. A diferencia de *Atziluth*, que es eterno y creado por emanación de Dios, *Beriah* fue creado con un punto de origen definitivo. Se identifica con el elemento aire.

Yetzirah

Yetzirah es el tercer reino de los cuatro mundos y se encuentra debajo de *Beriah*. Su otro nombre es el mundo de la formación. Se asocia con las sefirot centrales del Árbol de la vida, que representan el amor, la bondad y la justicia. Aquí es donde se da forma y estructura a las ideas y conceptos de *Beriah*. El reino se divide en dos mitades: «mitad bueno» y «mitad malo». La mitad buena se manifiesta como la sensibilidad emocional y el deseo de hacer felices a los demás, mientras que la mitad mala se ve como la autoconciencia y las emociones negativas de un ser. Este reino dio a las creaciones de Dios una forma más concreta y ayudó a organizar la disposición del universo. La *Yetzirah* es donde se originan los ángeles menores y las estrellas, así como el lugar donde las almas de los seres humanos pueden interactuar con el mundo espiritual y buscar el paso a los reinos superiores. Se identifica con el elemento agua.

Assiah

Assiah es el cuarto y más bajo reino de los cuatro mundos. Su otro nombre es el mundo de la acción. Es el lugar donde las ideas y los conceptos que se aglutinan en el *Yetzirah* adquieren forma sólida y se manifiestan. Es la fuente del mundo material y del universo físico. *Assiah* se asocia con las sefirot del poder y la fundación, donde los atributos de Dios están completamente ocultos y sus creaciones se han vuelto totalmente independientes de Él. Los seres humanos habitan aquí e interactúan con el mundo físico, donde su objetivo final es sumergirse en la práctica espiritual para elevar sus almas desde *Assiah* a los reinos superiores.

Los siete chakras

La palabra «chakra» se traduce como «rueda», en referencia a las zonas del cuerpo que contienen una cantidad significativa de puntos complejos de energía espiritual. Se asemejan a discos de energía que giran constantemente y necesitan permanecer abiertos y alineados. Los chakras son un sistema ancestral que se desarrolló por primera vez en la India entre 1500 y 1000 a. C. Su primera mención aparece en los *Vedas*, una colección de textos sagrados de aprendizaje espiritual escritos durante este mismo periodo de la antigüedad.

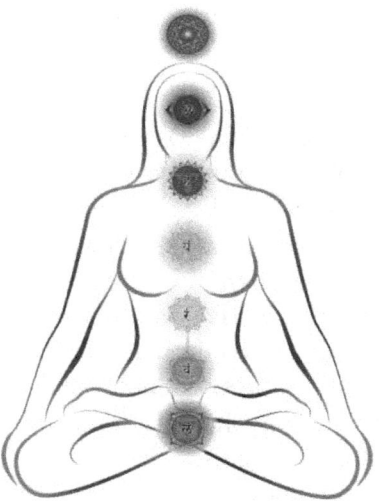

Cada chakra corresponde a órganos y nervios importantes que afectan el bienestar espiritual y físico

RootOfAllLight, CC BY-SA 4.0 https://creativecommons.org/licenses/by-sa/4.0, *vía Wikimedia Commons* https://commons.wikimedia.org/wiki/File:7ChakrasFemale.png

Cada punto del chakra corresponde a un conjunto de nervios y órganos principales del cuerpo que influyen en la salud física, emocional y espiritual. Aunque hay hasta 114 chakras diferentes, los siete chakras primarios se extienden a lo largo de la columna vertebral y son los que más influyen en la persona. Cada chakra individual puede resonar en las personas en momentos diferentes. Ciertos chakras pueden ser una fuente continua de bloqueos para algunos, mientras que estos bloqueos pueden ser temporales para otros. En el sistema de los chakras, estos patrones tienen términos específicos y tratamientos recomendados. Cada uno de los siete chakras primarios tiene un nombre, un número, un color y una ubicación específica a lo largo de la columna vertebral que está conectada con ellos.

Chakra raíz

Número: 1

Nombre cabalístico: *Yesod*

Zona: Base de la columna vertebral

Representa: Personalidad, equilibrio y tradición

Color: Rojo

El chakra raíz, o *Muladhara* en sánscrito, es el primero de los siete chakras. Está situado en la base de la columna vertebral y representa los cimientos de su ser, ya que está estrechamente relacionado con sus instintos de supervivencia, su identidad física y su conexión con la tierra. Se sentirá seguro, estable y protegido cuando su chakra raíz esté abierto y equilibrado. También tendrá una sensación de pertenencia y conexión con su cuerpo físico y el mundo que le rodea. Por el contrario, cuando el chakra raíz está bloqueado o desequilibrado, puede sentirse apático, ansioso o desconectado de su cuerpo físico. Los síntomas de un chakra raíz bloqueado incluyen fatiga, dolor muscular y dolor en la parte baja de la espalda.

Chakra sacro

Número: 2

Nombre cabalístico: *Hod-Nezah*

Localización: Debajo del ombligo

Representa: La satisfacción, la creatividad y el placer

Color: Naranja

El chakra sacro, también conocido como *Svadhishthana* en sánscrito, es el segundo de los siete chakras. Está situado en la parte inferior del abdomen, justo debajo del ombligo, y representa su energía emocional y creativa. Este chakra también se asocia con el sentimiento de placer y las búsquedas románticas. Cuando el chakra sacro está abierto y equilibrado, se sentirá emocionalmente estable y abierto a nuevas experiencias. Es posible que sienta una sensación de creatividad y una energía romántica saludable. Si el chakra sacro está bloqueado o desequilibrado, puede volverse emocionalmente inestable, tener dificultades con los límites o poseer una libido baja. Los síntomas de un chakra sacro desequilibrado pueden incluir dolor lumbar, dolor de cadera y disfunción romántica.

Chakra del plexo solar

Número: 3

Nombre cabalístico: *Tiferet*

Zona: Parte superior del abdomen

Representa: Confianza y autoestima

Color: Amarillo

El chakra del plexo solar, también conocido como *Manipura* en sánscrito, es el tercero de los siete chakras. Está situado en el abdomen, por encima del ombligo. Este chakra está estrechamente relacionado con el elemento fuego. El chakra del plexo solar rige el poder personal, la voluntad y la autoestima. Cuando está abierto y equilibrado, se tiene más confianza en uno mismo, se posee un sentido del propósito, se tiene más autocontrol y se mantiene una imagen positiva de uno mismo. Un chakra del plexo solar bloqueado o desequilibrado puede manifestarse como sentimientos de impotencia, falta de autoestima y dificultad para tomar decisiones importantes. Los bloqueos pueden causar problemas digestivos, como ardor de estómago, indigestión, úlceras y trastornos alimentarios.

Chakra del corazón

Número: 4

Nombre cabalístico: *Gevurah-Hesed*

Zona: Centro del pecho

Representa: Amor, empatía y misericordia
Color: Verde

El chakra del corazón, también conocido como *Anahata* en sánscrito, es el cuarto de los siete chakras. Está situado en el centro del pecho, directamente encima del corazón. Este chakra gobierna emociones como el amor, la compasión, la misericordia y la autoaceptación. Un chakra del corazón abierto y equilibrado permite conectar con los demás, sintiendo un fuerte sentimiento de afecto, aprecio y aceptación. Cuando está bloqueado o desequilibrado, puede experimentar problemas físicos o emocionales relacionados con el corazón y el sistema circulatorio. También puede afectar sus relaciones, creando dificultades entre usted y los demás y perjudicando su bienestar emocional. Algunas prácticas utilizadas para equilibrar el chakra del corazón son la meditación, el yoga y la sanación energética.

Chakra de la garganta

Número: 5
Nombre cabalístico: *Da'at*
Área: La garganta
Representa: Comunicación e instrucción
Color: Azul

El chakra de la garganta, también conocido como *Vishuddhi* en sánscrito, es el quinto de los siete chakras. Está situado en la garganta y sus alrededores. Este chakra controla su capacidad para comunicarse e impartir conocimientos a los demás. Gobierna la glándula tiroides, las cuerdas vocales, la boca y los oídos. Si el chakra de la garganta está abierto y equilibrado, le resultará más fácil verbalizar su punto de vista, expresar claramente sus sentimientos y escuchar con compasión y comprensión. Su confianza brillará porque podrá decir su verdad. Cuando está bloqueado o desequilibrado, puede resultarle difícil expresarse o sentirse escuchado, y es menos probable que escuche o comprenda lo que los demás intentan decirle. Los síntomas físicos de un chakra de la garganta bloqueado incluyen problemas de salud como dolor de garganta o problemas de tiroides.

Chakra del tercer ojo

Número: 6

Nombre cabalístico: *Binah-Hokhmah*

Localización: Entre los ojos, en la frente

Representa: La percepción, el conocimiento innato y la imaginación

Color: Índigo

El chakra del tercer ojo, también conocido como *Ajna* en sánscrito, es el sexto de los siete chakras. Está situado en el centro de la frente, entre las cejas, y a menudo se representa como una flor de loto púrpura o añil con dos pétalos. Este chakra se asocia con la intuición, la sabiduría y la perspicacia espiritual. Gobierna la glándula pituitaria, la glándula pineal, los ojos y el cerebro. Cuando el chakra del tercer ojo está abierto y equilibrado, se tiene una gran intuición, la capacidad de pensar con claridad y una profunda sensación de conocimiento interior. Cuando está bloqueado o desequilibrado, puede manifestarse como confusión, falta de dirección y dificultad para tomar decisiones. Los síntomas físicos debidos a un bloqueo incluyen dolores de cabeza, sinusitis o problemas oculares.

Chakra coronario

Número: 7

Nombre cabalístico: *Keter*

Zona: Parte superior de la cabeza

Representa: La conciencia y la agudeza mental

Color: Blanco o violeta

El chakra coronario, también conocido como *Sahasrara* en sánscrito, es el séptimo de los siete chakras. Está situado en la parte superior de la cabeza y está conectado con todos los demás chakras y sus correspondientes órganos corporales, incluidos el cerebro y el sistema nervioso. Este chakra representa la conexión de su forma física con su propósito espiritual y su iluminación. Cuando el chakra coronario está abierto y equilibrado, puede ayudar a mantener abiertos todos los demás chakras, aportándole una sensación de paz interior y plenitud espiritual. Sin embargo, si este chakra está bloqueado o desequilibrado, puede parecer cerrado de mente, escéptico o inflexible.

Las sefirot

Las sefirot (singular: sefirá) se definen como emanaciones a través de las cuales se revelan *Ein Sof* y el infinito. Crean constantemente el reino físico y los reinos metafísicos superiores de los cuatro mundos. Las sefirot están dispuestas en múltiples niveles dentro del Árbol de la vida, representando dónde se sitúan sus correspondientes reinos dentro de la jerarquía del universo. Hay diez sefirot regulares dentro del Árbol de la vida y una sefirá elevada, organizadas en una cadena descendente del cielo a la tierra, como los cuatro mundos. Sus nombres y números son: 0-*Keter*, 1-*Chokmah*, 2-*Binah*, 3-*Da'at*, 4-*Chesed*, 5-*Geburah*, 6-*Tiferet*, 7-*Netsach*, 8-*Hod*, 9-*Yesod* y 10-*Malkuth*.

El Árbol de la vida y los Siete Chakras

0. *Keter* es la más alta de las sefirot, también conocida como *corona*, y está situada por encima de todas las demás. Se denomina «superconciencia» y es un estado eterno al ser una fuente infinita de creación. No hay límite al potencial de lo que se concibe y produce aquí, así como produce un número interminable de posibilidades. Es la realidad metafísica última, representada por el color oro. Esta sefirá denota purificación, flexibilidad y conductividad.

1. *Chochmah* forma parte de la tríada intelectual o triángulo superno que se encuentra debajo de *Keter* y también se conoce como sabiduría. Es la sefirá de la perspicacia, la intuición, la inspiración, la conciencia no formada y la idea germinal. *Chochmah* encarna el surgimiento de algo de la nada, representada por el color azul marino.

2. *Binah* forma parte de la tríada intelectual o triángulo superno, también conocida como entendimiento. Es la sefirá que expresa la expansión de una idea, la trama de una historia y el establecimiento de la estructura. *Binah* es la formación de conceptos y materia, representada por el color rojo oscuro.

3. *Da'at* forma parte de la tríada intelectual o triángulo superno y también se conoce como saber. Es la sefirá que muestra la identificación e integración de las ideas, creando una conexión íntima entre ellas y lo divino. *Da'at* representa el nombramiento y la aplicación de aquello que es creación, representada por el color gris.

4. *Chesed* forma parte de la tríada emocional y del triángulo ético, se encuentra debajo de la tríada intelectual, y también se conoce como amor sin límites. La sefirá expande las ideas, amplía su esfera de influencia y expresa empatía. *Chesed* representa el crecimiento personal y la preocupación por los demás, representada por el color azul.

5. *Geburah* forma parte de la tríada emocional o triángulo ético, también conocida como fuerza de los límites. Es la sefirá que fomenta el establecimiento de límites, la comunicación del rechazo y la búsqueda del enfoque. *Geburah* representa el establecimiento de límites fuertes, representada por el color rojo.

6. *Tiferet* forma parte de la tríada emocional o triángulo ético, también conocida como belleza. Es la sefirá que sincroniza las energías opuestas y muestra compasión hacia los demás. *Tiferet* es la armonía y la bondad, representada por el color amarillo.

7. *Netsach* forma parte de la tríada instintiva y del triángulo mágico, se encuentra debajo de la tríada emocional y se conoce como victoria. Es la sefirá que ayuda a derribar barreras, superar dificultades y gestionar intenciones. *Netsach* representa vencer las adversidades y conquistar los obstáculos, representada por el color púrpura.

8. *Hod* forma parte de la tríada instintiva y del triángulo mágico, también conocida como rendición. Es la sefirá que fomenta la aceptación, la capitulación y el reconocimiento de las limitaciones. *Hod* representa saber cuándo rendirse y permitir que las cosas sucedan por sí solas, representada por el color naranja.

9. *Yesod* forma parte de la tríada instintiva y del triángulo mágico, también conocida como fundación. Es la sefirá implicada en decir la verdad, discernir las mentiras y ser digno de confianza. *Yesod* representa la honestidad, la autenticidad y la diligencia, representada por el color verde.

10. *Malkuth* es la más baja de las sefirot, también conocida como soberanía. Es la última parada en el Árbol de la vida, ya que el flujo de energía desde *Keter* a través de los senderos culmina en *Malkuth*. Esto implica la transformación de una idea abstracta, concepto o materia a una *expresión concreta* de estas cosas. *Malkuth* es lo que se manifiesta al final del viaje o la expresión actualizada del camino, representada por el color marrón.

Los caminos cabalísticos

El Árbol cabalístico de la vida contiene un total de 32 caminos místicos posibles para descubrir la sabiduría secreta impartida por las emanaciones de *Ein Sof*. Estos caminos místicos incluyen las 10 sefirot y los 22 caminos de letras hebreas entre ellas que lo conectan todo. Para comprender plenamente el significado del Árbol de la vida y su poder divino, debe estudiar cuidadosamente las sefirot y sus caminos de letras hebreas, discerniendo cómo encajan entre sí. Existe una fuerte correlación entre el alfabeto hebreo y la energía espiritual de las sefirot, dando a las letras hebreas una connotación mística dentro del Árbol de la vida.

Lenguaje divino

La cábala se considera uno de los cuatro lenguajes divinos utilizados en la Torá, siendo los otros el agadá, el halajá y la tanaj. Los seres humanos pueden alcanzar la capacidad de comunicarse con Dios mediante el uso de los lenguajes divinos. Las acciones de Moisés se consideran un ejemplo ideal del descubrimiento de la capacidad de hablar con el creador divino, y se cree que todos aquellos que sigan sus pasos pueden llegar a aprender a hacer lo mismo. A diferencia de los demás lenguajes divinos, la cábala también contiene un aspecto místico, pues esconde secretos esotéricos que deben estudiarse detenidamente durante muchos años antes de poder relacionarse con ellos. Los practicantes sostienen que las letras y palabras del alfabeto hebreo poseen cualidades místicas, y que estas propiedades pueden esgrimirse para desbloquear el conocimiento oculto relacionado con lo divino.

El alfabeto hebreo

El Sefer *Yetzirah*, escrito por Abraham hace 3.800 años, sugiere que las letras del alfabeto hebreo sirven como bloques de construcción del universo, encarnando la energía divina del creador y la inteligencia detrás de sus creaciones. Esto incluye cada planeta, luna, estrella, galaxia y otros fenómenos cósmicos. Cada mes está asociado tanto a un signo del zodiaco como a un planeta, la luna o el sol. También están vinculados a una letra específica del alfabeto hebreo. Según el *Libro de la formación*, los ejercicios de meditación sobre la letra hebrea relacionada con el mes en curso pueden influir positivamente en los acontecimientos que se produzcan durante el mes.

Los 22 caminos de las letras hebreas

Los 22 caminos marcados con letras del alfabeto hebreo que conectan las sefirot del Árbol de la vida tienen cada uno un significado específico y un poder místico.

א *Aleph.* La primera letra del alfabeto hebreo. Significa «unidad con Dios», siendo un símbolo de unidad y el punto de origen del que surge toda la creación. Esta letra se asocia con el concepto de la nada divina, así como con *Ein Sof,* que representa la naturaleza infinita e incognoscible de Dios. *Aleph* es también la primera letra de las tres palabras utilizadas para el nombre místico de Dios - אהיה אשר אהיה, pronunciado como *'ehye ăšer 'ehye* (en hebreo se lee de derecha a izquierda) - una traducción de la frase «Yo Soy el que Soy», que fue la respuesta dada a Moisés en el libro del *Éxodo* cuando preguntó por el verdadero nombre de Dios.

ב *Bet.* La segunda letra del alfabeto hebreo. Está asociada al concepto de *Binah,* la tercera sefirá del Árbol de la vida. Esta letra puede considerarse el aspecto femenino de lo divino, a veces llamada la «gran madre» o el «gran mar», y está relacionada con el intelecto y la comprensión. *Bet* también representa la capacidad de discernir y diferenciar entre distintos asuntos e ideas, aportando un sentido de cohesión o unión a los orígenes de la creación. Simboliza los cimientos del universo y la fuerza conocida como voluntad divina, que trae todo a la existencia.

ג *Gimel.* La tercera letra del alfabeto hebreo. Evoca *Chesed,* la cuarta sefirá del Árbol de la vida. Esta letra posee los atributos del amor, la bondad y la compasión, considerados la fuente de toda benevolencia y acción positiva. *Gimel* simboliza la gracia y la generosidad de Dios y una asociación con los conceptos de dotación y flujo de energía. La abundancia y la prosperidad universales tienen su origen en los atributos de *Gimel,* que también es la fuente de todas las bendiciones y la generosidad del mundo.

ד *Dalet.* La cuarta letra del alfabeto hebreo. Está relacionada con *Geburah,* la quinta sefirá del Árbol de la vida. Esta letra posee los atributos de fuerza, disciplina y juicio, siendo considerada la fuente de todos los límites, leyes y limitaciones. *Dalet* también puede denominarse el poder o la fuerza, expresando la justicia de Dios. La idea de control y restricción está imbuida en *Dalet,* representando el origen de la estructura y el orden dentro del universo. Simboliza la justicia divina, encarnando los conceptos de equidad y rectitud.

ה *He:* La quinta letra del alfabeto hebreo. Se asocia con *Tiferet*, la sexta sefirá del Árbol de la vida. Esta letra contiene los atributos de equilibrio, armonía y belleza, origen de toda integración y equilibrio en el universo. Se llama la gloria o la belleza, que expresa la compasión y la misericordia de Dios. Está conectada con la idea de la compasión divina, de la que brotan la compasión y la belleza en todo el mundo.

ו *Vav:* La sexta letra del alfabeto hebreo. Está vinculada a *Netsaj*, la séptima sefirá del Árbol de la vida. Esta letra tiene las características de la victoria, la resistencia y la persistencia y es la fuente de todos los instintos y procesos naturales. *Vav* puede verse como la eternidad o la victoria, relacionada con la idea de un Dios eterno y perdurable. También se conoce como resistencia divina, sirviendo como raíz de las victorias y perseverancia del mundo.

ז *Zayin:* La séptima letra del alfabeto hebreo. Conecta con *Hod*, la octava sefirá del Árbol de la vida. Esta letra simboliza la humildad, la entrega y el agradecimiento. La sumisión y la entrega a la voluntad de Dios son componentes importantes de *Zayin*. También tiene connotaciones de esplendor, majestad y humildad, especialmente como parte de Dios. *Zayin* abarca el reconocimiento de la debilidad o el fracaso, evitando la trampa de permitir que la confianza se convierta en arrogancia. Puede considerarse humildad divina, la fuente de entregarse a la voluntad de Dios.

ח *Het:* La octava letra del alfabeto hebreo. Encarna *Yesod*, la novena sefirá del Árbol de la vida. Esta letra se asocia con los conceptos de fundamento, conexión y estabilidad. *Het* puede denominarse la fundación o el vínculo con dios, los diferentes reinos de la existencia. También se asocia con la congruencia y el equilibrio en el universo. Es la conectividad divina, que posee los bloques de construcción necesarios para los componentes espirituales y físicos del mundo.

ט *Tet:* La novena letra del alfabeto hebreo. Está unida a *Malkuth*, la décima y última sefirá del Árbol de la vida. Esta letra personifica la realeza, la soberanía y el mundo físico. *Tet*, también conocida como el reino de la reina, se considera la fuente de las manifestaciones físicas de la realidad. Hace referencia a Dios como gobernante último de todas las cosas y máxima autoridad del universo. La letra *Tet* expresa la idea de la soberanía divina, en la que todo lo existente cae bajo el dominio de Dios.

י *Yod*: La décima letra del alfabeto hebreo. Se considera espiritualmente la más poderosa y mística de las letras, manteniendo una fuerte conexión con *Keter*, la primera y más alta sefirá del Árbol de la vida. Esta letra está vinculada a la conciencia espiritual y divina. *Yod* puede denominarse la corona o la voluntad, donde Dios existe como la máxima realidad espiritual y el manantial de la resolución y la intención. Se considera la voluntad divina, que expresa todos los designios y la conciencia espiritual en el universo.

כ *Kaf*: La undécima letra del alfabeto hebreo. Está asociada a *Chokmah*, la segunda sefirá del Árbol de la vida. Esta letra simboliza la sabiduría, la intuición y los orígenes de la creación. *Kaf* es donde surgen las ideas creativas y la comprensión intelectual, también conocida como la sabiduría o el padre superno. El principio del universo y la intuición espiritual proceden de aquí. La letra *Kaf* representa la sabiduría divina y se considera el lugar de donde proceden toda la sabiduría y el entendimiento mundanos.

ל *Lamed*: La duodécima letra del alfabeto hebreo. A veces se representa a *Lamed* con una cabriola, un cayado pastoral, un cayado de pastor o una picana. Al igual que *Bet*, está asociada a *Binah* y a la idea del entendimiento divino. Esta letra personifica la empatía, el entendimiento y la comprensión compartidos por el mundo.

מ *Mem*: La decimotercera letra del alfabeto hebreo. Está unida a *Da'at*, la tercera sefirá del Árbol de la vida. Esta letra contiene las características de familiaridad, conciencia y autoconciencia. *Mem* ejemplifica la perspicacia, el conocimiento y la sabiduría espirituales, denominados conocimiento o conciencia. Conocido como conocimiento divino, puede considerarse la fuente de la atención, el intelecto y la sensibilidad de todo el universo.

נ *Nun*: La decimocuarta letra del alfabeto hebreo. Está relacionada con *Neshamah*, una de las cinco partes del alma, que consiste en la moralidad y la emoción. Esta letra pertenece a los atributos de la conciencia espiritual, la inspiración divina y una profunda conexión con Dios. *Nun* se denomina alma divina o alma espiritual y se asocia con la inspiración divina, considerada la fuente de toda influencia espiritual y divina en todo el mundo.

ס *Samekh*: La decimoquinta letra del alfabeto hebreo. Al igual que *Het*, conecta con *Yesod*, la novena sefirá del Árbol de la vida. Esta letra encarna la idea de apoyo e infraestructura. Es una expresión del armazón del universo, que existe como parte de los cimientos de todas las cosas. *Samekh* también se asocia con la idea de estabilidad y estructura, incluido el soporte divino que sostiene los reinos físico y metafísico.

ע *Ayin:* Decimosexta letra del alfabeto hebreo. Está asociada a *Hod*, la octava sefirá del Árbol de la vida, al igual que la letra *Zayin*. *Ayin* encarna los rasgos de humildad y gratitud, especialmente en relación con la voluntad de Dios. Se la conoce como sumisión o agradecimiento, inclinándose ante la majestad y el esplendor del creador divino. Esta letra también está relacionada con el reconocimiento divino, creando la apertura a través de la cual puede entregarse a los designios del universo.

פ *Pe:* La decimoséptima letra del alfabeto hebreo. La erudición cabalística sostiene que el símbolo de *Pe* se basa en una boca abierta, representando el hecho de que sigue a *Ayin*, que forma una puerta hacia lo divino al ser el aparato que realmente trae lo divino a la realidad. Esto suele hacerse mediante la oración, la recitación de los textos sagrados y la transferencia del conocimiento divino. Puede traducirse aproximadamente como habla, vocalización o aliento y está relacionada con la expresión divina.

צ *Tsadi:* La decimoctava letra del alfabeto hebreo. Se le dio su nombre y símbolo debido a su parecido con un anzuelo de pesca. Esta letra puede definirse como cazar, capturar o enganchar. La forma de *Tsadi* también puede verse como una persona que se inclina en exaltación, transmitiendo que hay que humillarse ante el creador divino para gloriarse de sus obras. Representa a una persona justa, a un siervo fiel a Dios y al adorador divino.

ק *Qof:* La decimonovena letra del alfabeto hebreo. Encarna la naturaleza cíclica del universo y de todo lo que hay en él. Esto se expresa a través de la eterna repetición de cosas como el cambio de las estaciones, los ciclos vitales de los seres humanos, los animales y las plantas, así como las cadenas siempre cambiantes y repetitivas de los cuerpos celestes. Al igual que todo en el mundo natural experimenta nacimiento, crecimiento, declive, muerte y renacimiento, también lo hacen los planetas y las estrellas. *Qof* también posee la acción simbólica de eliminar cualquier cubierta o cáscara negativa para que pueda revelarse la santidad sin trabas que se oculta bajo ella. Se considera la rueda divina, que gira constantemente de un aspecto del mundo a otro.

ר *Resh:* La vigésima letra del alfabeto hebreo. A pesar de caer cerca del final del alfabeto, *Resh* significa «principio» o «cabeza». Esta letra denota la idea de que «el principio de la sabiduría es el temor de Dios». Se asocia con la elección entre nobleza, decadencia, desinterés y codicia. La creencia de que debe ser un líder en lugar de un seguidor emulando al creador divino también está conectada con *Resh*.

ש *Shin:* La vigésimo primera letra del alfabeto hebreo. Se traduce por la palabra «diente», y su símbolo representa los tres pilares de la llama. Esta letra tiene una fuerte asociación con el fuego, particularmente en su función como método de purificación. También representa el fuego de Dios y la energía divina que puede limpiar y purificar el alma. *Shin* encarna la renovación y el equilibrio, con la forma de la letra mostrando los dos extremos opuestos con los pilares izquierdo y derecho de la llama, templados por el tercer pilar de la llama en el centro. Se caracteriza como la transformación divina, que se encuentra en la raíz de todo cambio en todo el universo.

ת *Tav:* La vigésimo segunda y última letra del alfabeto hebreo. Se define como un signo, marca o presagio y el símbolo de la trascendencia, la plenitud y la verdad. Esta letra está conectada con el concepto de restauración, incluyendo la restauración de su esencia espiritual al creador divino. El universo entero emanó de Dios, y el curso de su existencia conduce hasta el momento de la perfección completa. Como *Tav* es la última letra del alfabeto, va seguida de un retorno al principio. Es representativa de la emanación divina, que contiene tanto los orígenes como la totalidad del universo.

Capítulo 3: Esferas, planetas y estrellas

El Árbol de la vida cabalístico y sus sefirot están asociados con la astrología a través de la correlación entre los diversos caminos del Árbol de la vida y los cuerpos celestes notables. Las sefirot y los planetas astrológicos convergen para crear un complejo tapiz de rasgos, características, símbolos, comportamientos, esencias espirituales y significados. Diferentes sefirot coinciden con determinados planetas u otros cuerpos celestes, signos del zodíaco, elementos, números astrológicos y ángeles y demonios judaicos. Puesto que las sefirot, los planetas, las lunas y las estrellas fueron creados a través de las emanaciones de Dios, poseen las energías místicas y espirituales que impregnan tanto los aspectos visibles como invisibles del universo.

Los diferentes planetas se corresponden con las sefirot
Lsmpascal, CC BY-SA 3.0 https://creativecommons.org/licenses/by-sa/3.0, vía Wikimedia Commons https://commons.wikimedia.org/wiki/File:Size_planets_comparison.jpg

Los planetas astrológicos

En el contexto de la astrología, los planetas astrológicos se refieren a los planetas dentro de nuestro sistema solar (excluyendo la Tierra), el Sol y la Luna. Plutón fue degradado a «planeta enano» por la Unión Astronómica Internacional (UAI) en 2006, pero sigue considerándose un planeta normal en astrología. Cada planeta astrológico se asocia con características e influencias específicas que pueden determinar sus acciones y personalidad. Se cree que la colocación de los planetas en su carta natal indica su potencial para tener ciertos rasgos y para que ocurran experiencias en su vida. La lista de planetas astrológicos y sus asociaciones incluye:

El Sol: Asociado con el yo, el ego y el propio sentido de identidad. También está relacionado con el liderazgo, la ambición y la vitalidad.

La Luna: Se asocia con las emociones, los instintos y la mente inconsciente. También está relacionada con la madre, el hogar y la seguridad.

Mercurio: Asociado con la comunicación, la inteligencia y la adaptabilidad. También está relacionado con los viajes y el transporte.

Venus: Asociado al amor, la belleza y la armonía. También está relacionado con el dinero y las posesiones materiales.

Marte: Asociado con la energía, la agresividad y la determinación. También está relacionado con la sexualidad y la actividad física.

Júpiter: Asociado con la expansión, el optimismo y la buena suerte. También está relacionado con la educación superior y la filosofía.

Saturno: Asociado con la restricción, la disciplina y la responsabilidad. También está relacionado con la carrera profesional y los objetivos a largo plazo.

Urano: Asociado con la innovación, el cambio y la rebelión. También está relacionado con la tecnología y el futuro.

Neptuno: Asociado con el misticismo, la ilusión y la espiritualidad. También está relacionado con el arte y la imaginación.

Plutón: Asociado a la transformación, el poder y la regeneración. También está relacionado con el sexo y la muerte.

Las sefirot y los planetas astrológicos

Todas las sefirot están regidas por ciertos planetas astrológicos que poseen aspectos y características comunes entre ellos. Cada planeta (excepto la Tierra), el Sol, la Luna y los cuatro elementos pueden relacionarse con una sefirá, un símbolo notable, un rasgo definitorio, un número astrológico, un color, una flor, una piedra preciosa, un ángel, un demonio y un signo del zodíaco. El significado específico de estas características ayuda a dar cuerpo a las conexiones que establecen las sefirot en el Árbol de la vida. Todo puede tomarse como piezas de un rompecabezas mayor; puede observar los vínculos comprendiendo lo siguiente:

El Sol

Sefirá: *Tiferet*
Símbolo: Mariposa
Rasgo: Belleza
Número: 1
Color: Amarillo
Flor: Girasol
Piedra preciosa: Rubí
Ángel: Miguel
Demonio: Mammon
Signo del zodíaco: Aries

La Luna

Sefirá: *Yesod*
Símbolo: Media luna
Rasgo: Fundación
Número: 2
Colores: Blanco y plateado
Flor: Flor de luna
Piedras preciosas: Perla o piedra luna
Ángel: Gabriel
Demonio: Belphegor

Signo del zodíaco: Cáncer

Mercurio

Sefirá: *Hod*
Símbolo: Moneda
Rasgo: Esplendor
Número: 5
Colores: Azul y amarillo
Flor: Lavanda
Piedra preciosa: Esmeralda
Ángel: Rafael
Demonio Belcebú
Signo del zodíaco: Géminis

Venus

Sefirá: *Netsaj*
Símbolo: Ouroboros
Rasgo: Victoria
Número: 6
Color: Verde
Flor: Rosa
Piedra preciosa: Diamante
Ángel: Haniel
Demonio: Lucifer
Signo del Zodíaco: Tauro

Marte

Sefirá: *Geburah*
Símbolo: León
Rasgo: Valentía
Número: 9
Color: Rojo
Flor: Lirio peruano

Piedra preciosa: Piedra de sangre
Ángel: Samael
Demonio: Lilith
Signo del Zodiaco: Leo

Júpiter

Sefirá: *Chesed*
Símbolo: Corazón
Rasgo: Misericordia
Número: 3
Color: Morado
Flor: Clavel
Piedra preciosa: Zafiro amarillo
Ángel: Zadkiel
Demonio: Hismael
Signo del zodíaco: Sagitario

Saturno

Sefirá: *Binah*
Símbolo: Guadaña
Rasgo: Comprensión
Número: 8
Color: Marrón
Flor: Amaranto
Piedra preciosa: Iolita
Ángel: Cassiel
Demonio: Zazel
Signo del zodíaco: Capricornio

Urano

Sefirá: *Keter*
Símbolo: Corona
Rasgo: Fuerza de voluntad

Número: 4
Color: Rosa
Flor: Prímula
Piedra preciosa: Cuarzo rosa
Ángel: Uriel
Demonio: Asmodeus
Signo Zodiacal: Libra

Neptuno

Sefirá: *Chokmah*
Símbolo: Tridente
Rasgo: Sabiduría
Número: 7
Color: Azul mar
Flor: Nenúfar
Piedra preciosa: Topacio
Ángel: Raziel
Demonio: Barbas
Signos del Zodiaco: Piscis y Acuario

Plutón

Sefirá: *Da'at*
Símbolo: Búho
Rasgo: Conocimiento
Numero: 10
Color: Negro
Flor: Narciso
Piedra preciosa: Ónix
Ángel: Azrael
Demonio: Hécate
Signo del zodíaco: Escorpio

Los cuatro elementos

Sefirá: *Malkuth*
Símbolos: Tierra, aire, fuego, agua
Rasgo: Soberanía
Número: 0
Colores: Marrón
Flor: Margarita
Gemas: Ágata (tierra), amatista (aire), citrino (fuego), ópalo (agua)
Ángel: Zuriel
Demonio: Leviatán
Signo del Zodiaco: Virgo

Capítulo 4: A través del zodíaco I. Signos cardinales

En astrología, el zodíaco se divide en 12 signos, cada uno asociado a uno de los cuatro puntos cardinales: norte, sur, este y oeste. Los «signos cardinales» son los cuatro signos que caen al principio de cada estación: Aries, Cáncer, Libra y Capricornio. Se consideran los precursores del resto del zodíaco y comparten una serie de características entre sí. Esto incluye la asignación de un elemento específico a cada signo cardinal y un día especialmente significativo durante su estación asociada. Los elementos son los cuatro clásicos, que corresponden a los cuatro signos cardinales, y están relacionados con los solsticios o los equinoccios.

Los signos cardinales también desempeñan un papel importante en la cábala. La energía de las sefirot en el Árbol de la vida está enraizada en su conexión con el zodíaco, donde la posición y la dirección de los cuerpos celestes y los fenómenos ayudan a informar de las influencias de las sefirot. Dependiendo de cuáles se acoplen a su propia carta natal, el tipo de persona que es, sus atributos y su camino pueden remontarse tanto a las sefirot como al zodíaco. Cualquiera puede beneficiarse de aprender más sobre sí mismo, especialmente si tiene preguntas sobre aspectos de su propia vida. Es otra vía de autorreflexión y superación personal necesaria para seguir creciendo.

Características de los signos del zodíaco

Las personas relacionadas con los signos cardinales son conocidas por ser líderes fuertes, que suelen tomar la iniciativa con las cosas de su vida. Suelen ser proactivos, listos para dar un paso al frente y hacerse cargo de las situaciones en cualquier momento. Las personas nacidas bajo los signos cardinales también son ambiciosas y buscan un enfoque estratégico a la hora de alcanzar sus objetivos. Pueden considerarse las «esquinas» del zodíaco, que marcan el comienzo de una nueva estación y de un nuevo ciclo de crecimiento.

La Aurora dorada

La Orden hermética de la aurora dorada era una sociedad secreta activa sobre todo a finales del siglo XIX y principios del XX. Eran conocidos por practicar magia ceremonial y profundizar en el ocultismo. Su fundación original utilizó las enseñanzas de la cábala y los Rosacruces, una fraternidad cristiana esotérica que formaba parte de un movimiento cultural más amplio en Europa relacionado con el espiritismo durante el siglo XVII. La Aurora dorada estaba muy influida por la obra de Eliphas Levi, un infame ocultista británico, y por la magia ceremonial utilizada por la Orden hermética de los hermanos asiáticos.

La rosa cruz representa a la Aurora dorada
Dm, CC0, vía Wikimedia Commons
https://commons.wikimedia.org/wiki/File:Taro_Rose_Cross.svg

La Aurora dorada fue fundada en Londres en 1888 por el Dr. William Robert Woodman, William Wynn Westcott y Samuel Liddell MacGregor Mathers. Los tres eran miembros de la francmasonería, y la francmasonería tuvo un gran impacto en la Aurora dorada, especialmente en la forma en que se estableció, con logias más pequeñas y descentralizadas, una jerarquía con grados crecientes para denotar prominencia, y ritos de iniciación secretos y rituales. Sin embargo, a diferencia de los masones, permitían que las mujeres se convirtieran en miembros y avanzaran en los rangos en igualdad de condiciones con los hombres.

La Aurora dorada se convirtió en una de las organizaciones ocultistas más influyentes de su época y atrajo a muchos miembros destacados. Algunos de sus reclutas más notables fueron el aclamado poeta, escritor y dramaturgo irlandés William Butler Yeats, el escritor británico Sir Arthur Conan Doyle, autor de Sherlock Holmes, y el controvertido escritor y ocultista inglés Aleister Crowley, que más tarde fundaría su propia religión esotérica conocida como Thelema. Entre sus filas se encontraban miembros muy respetados de la sociedad, como artistas, escritores, filósofos y médicos. Durante el Siglo de las luces, cuando el intelectualismo, la razón y la búsqueda de pruebas empíricas se extendieron por toda Europa, la Aurora dorada era una alternativa atractiva a las religiones tradicionales.

La organización tenía una estructura jerárquica en la que los miembros eran iniciados en varios grados, cada uno de los cuales poseía su propio conjunto de enseñanzas, rituales y prácticas. Había tres órdenes por las que los miembros podían avanzar, y cada orden se dividía en grados con números emparejados. Los números emparejados dentro de cada orden estaban relacionados con las posiciones en el Árbol de la vida. La Aurora dorada impartía conocimientos sobre temas como la magia, la alquimia, la astrología, el tarot y la cábala. También se centraba en el desarrollo de las habilidades psíquicas, la clarividencia y la proyección astral.

A pesar de la influencia de sus miembros, la Aurora dorada se disolvió oficialmente como organización en 1903. Sin embargo, sus enseñanzas y prácticas tuvieron un impacto significativo en el ocultismo y el esoterismo modernos, e incluso algunas de ellas fueron adoptadas por las mismas tradiciones que la inspiraron. Muchos de sus miembros también formaron sus propias organizaciones místicas y ocultistas, trasladando lo que aprendieron de la Aurora dorada a sus nuevas empresas. Los grupos esotéricos contemporáneos, como la Hermandad hermética de Luxor, tienen sus raíces directamente en la Aurora dorada.

El tetragrámaton

El tetragrámaton es el nombre de cuatro letras del Dios hebreo, YHWH, y se considera el nombre más sagrado y santo de todo el judaísmo. A menudo se le denomina «nombre inefable» o «nombre impronunciable», ya que el pueblo judío creía que era tan sagrado que nunca debía pronunciarse en voz alta. En su lugar, se suele sustituir por la palabra hebrea «*Adonai*», que significa «Señor», cuando se lee en la *Biblia* hebrea (también conocida en el cristianismo como Antiguo Testamento). La pronunciación exacta del tetragrámaton es «Jehová» o «Yahvé». Aunque el nombre aparece 6.828 veces en la *Biblia* hebrea, la pronunciación exacta se ha perdido en el tiempo, por lo que nadie sabe con certeza cómo pronunciarlo correctamente.

El tetragrámaton
https://openclipart.org/detail/307583/esoteric-staff-remix

En el contexto de la cábala, el tetragrámaton se asocia con la sefirá de *Keter*, la más elevada de las diez emanaciones de Dios y a través de la cual Él creó todo el universo. También está relacionado con los cuatro elementos, los cuatro puntos cardinales y los cuatro mundos de la creación. El tetragrámaton es fundamental en la práctica de la magia teúrgica, que utiliza rituales y meditaciones especiales para invocar la presencia de Dios.

Al igual que en el judaísmo, en el cristianismo el tetragrámaton se considera el nombre original de Dios. Jesús es considerado la encarnación del nombre, enviado a la Tierra por Dios para ejecutar su voluntad en la forma de un hombre mortal. El tetragrámaton no se utiliza en el islam, pero Alá, el nombre de Dios, se considera sagrado y está por encima de todos los demás nombres de Dios. Dado que en el judaísmo el tetragrámaton se considera un nombre sagrado, existen estrictas normas y costumbres religiosas sobre su uso y pronunciación. Incluso escribir la palabra «Dios» se considera tabú, por lo que muchos sectores de la cultura judía sustituyen la «o» de Dios por un guion, traduciéndola como «Di-s».

Características de los signos cardinales

Además de la versión cabalística tradicional de los signos cardinales, tanto la Aurora dorada como el tetragrámaton tienen rasgos y características intrínsecamente ligados a ellos. Los atributos primarios asociados con los cuatro signos cardinales incluyen:

Aries

Aries es el primer signo del zodíaco y el primer signo cardinal. Marca el comienzo del año astrológico y se asocia con la energía de la iniciación, el liderazgo y la acción. Se dice que los nacidos bajo Aries son ambiciosos y seguros de sí mismos, siempre deseosos de asumir nuevos retos y explorar nuevos horizontes.

Símbolo del zodíaco: El carnero

Dirección cardinal: Este

Día estacional: Equinoccio de primavera

Sefirá: *Geburah*

Camino cabalístico: *Netsach* a *Yesod*

Planeta regente: Marte

Elemento: Fuego
Concepto clave: Iniciativa
Tipo de energía: Masculina
Mes hebreo: *Nisan*
Letras hebreas: *He* y *Dalet*
Letras del tetragrámaton: *He-Vav-He-Yod* (יהוה)
Ángel guía: Malahidael
Carta del tarot de los arcanos mayores: El Emperador
Arcanos menores: 2, 3, 4 de bastos
Numero: 44
Color: Rojo
Día: Martes
Madera: Dogwood
Metal: Acero o hierro
Flor: Geranio, guisante de olor o margarita
Hierba: Cardo
Aceites esenciales: Incienso, pino y neroli
Piedra preciosa: Diamante
Piedra de Poder: Rubí

Cáncer

Cáncer es el cuarto signo del zodiaco y el segundo signo cardinal. Se asocia con la energía de la crianza, la inteligencia emocional y la familia. Se dice que los nacidos en Cáncer son profundamente sensibles, intuitivos y protectores de aquellos por los que se preocupan.

Símbolo del zodíaco: El cangrejo
Dirección cardinal: Norte
Día estacional: Solsticio de verano
Sefirá: *Yesod*
Camino cabalístico: *Binah* a *Geburah*
Planeta regente: La Luna
Elemento: Agua
Concepto clave: Receptividad

Tipo de energía: Femenina
Mes hebreo: *Tamuz*
Letras hebreas: *Tav-Het*
Letras del tetragrámaton: *He-Vav-He-Yod* (יהוה)
Ángel guía: Muriel
Carta del tarot de los arcanos mayores: El carro
Arcanos menores: 2, 3, 4 de copas
Numero: 69
Color: Amarillo-naranja
Día: Lunes
Madera: Acebo
Metal: Plata
Flor: Jazmín o gardenia
Hierba: Madreselva
Aceites esenciales: Mirra y manzanilla
Piedra preciosa: Crisocola
Piedras de poder: Piedra luna y esmeralda

Libra

Libra es el séptimo signo del zodíaco y el tercer signo cardinal. Se asocia con la energía del equilibrio, la armonía y la diplomacia. Se dice que los nacidos bajo Libra son encantadores, cooperativos y con tacto, capaces de unir a la gente y mediar en los conflictos.

Símbolo del zodíaco: La balanza
Dirección cardinal: Oeste
Día estacional: Equinoccio de otoño (comienzo del otoño)
Sefirá: *Netsaj*
Camino cabalístico: *Tiferet* a *Geburah*
Planeta regente: Venus
Elemento: Aire
Concepto clave: Armonía
Tipo de energía: Masculina
Mes hebreo: *Tishrei*

Letras hebreas: *Lamed-Pe*
Letras del tetragrámaton: *Vav-He-Yod-He* (והיה)
Ángel guía: Zuriel
Carta del tarot de los arcanos mayores: La Justicia
Arcanos menores: 2, 3, 4 de espadas
Numero: 33
Color: Verde
Día: Viernes
Madera: Álamo
Metal: Cobre
Flor: Rosa
Hierba: Tomillo
Aceites esenciales: Sándalo, rosa y aligustre
Piedra preciosa: Ópalo
Piedra de poder: Diamante

Capricornio

Capricornio es el décimo signo del zodíaco y el cuarto signo cardinal. Se asocia con la energía de la estructura, la responsabilidad y la ambición. Se dice que los nacidos bajo Capricornio son disciplinados, trabajadores y orientados a los objetivos, capaces de establecer y lograr propósitos a través de la determinación y el enfoque.

Símbolo del zodíaco: La cabra
Dirección cardinal: Sur
Día estacional: Solsticio de invierno
Sefirá: *Binah*
Camino cabalístico: *Hod* a *Tiferet*
Planeta regente: Saturno
Elemento: Tierra
Concepto clave: Estructura
Tipo de energía: Femenina
Mes hebreo: *Tevet*
Letras hebreas: *Bet-Ayin*

Letras del tetragrámaton: *He-Yod-He-Vav* (היהו)
Ángel de la guarda: Hanael
Carta del tarot de los arcanos mayores: El Diablo
Arcanos menores: 2, 3, 4 de oros
Número: 23
Color: Azul-violeta
Día: Sábado
Madera: Abedul
Metal: Plomo
Flor: Clavel
Hierba: Raíz de consuelda
Aceites esenciales: Enebro, manzanilla, cedro, menta verde e hinojo
Piedra preciosa: Ónix
Piedra de poder: Cristal de cuarzo

Capítulo 5: A través del zodíaco II. Los signos fijos

Los signos fijos del zodíaco son Tauro, Leo, Escorpio y Acuario. Estos signos son conocidos por su determinación y estabilidad. Se les considera «fijos» porque poseen una modalidad fija caracterizada por la persistencia, la determinación y un fuerte sentido del propósito. Los signos fijos pueden considerarse los estabilizadores del zodíaco, ya que toman las ideas entusiastas y creativas de los signos cardinales y las convierten en algo concreto y aplicable de forma realista.

Características de los signos fijos

Al igual que los signos cardinales, la versión cabalística tradicional de los signos fijos también tiene rasgos y características relacionados con la Aurora dorada y el tetragrámaton. Los atributos primarios asociados con los cuatro signos fijos incluyen:

Tauro

Tauro es el segundo signo del zodíaco y el primer signo fijo. Se asocia con el mundo material, incluyendo el dinero, las posesiones y el placer físico. Se dice que los nacidos bajo Tauro son leales, fiables, testarudos y realistas en los asuntos del mundo.

Símbolo del zodíaco: El toro

Día estacional: Primero de mayo (mitad de la primavera)

Sefirá: *Nesaj*
Camino cabalístico: *Chochmah* a *Chesed*
Planeta regente: Venus
Elemento: Tierra
Concepto clave: Estabilidad
Tipo de energía: Femenina
Mes hebreo: *Iyar*
Letras hebreas: *Vav-Pe*
Letras del tetragrámaton: *Yod-He-He-Vav* (יההו)
Ángel guía: Asmodel
Carta del tarot de los arcanos mayores: El Hierofante
Cartas de tarot arcanos menores: 5, 6, 7 de oros
Numero: 42
Color: Rojo-Naranja
Día: Viernes
Madera: Sauce
Metal: Cobre
Flor: Narciso
Hierba: Salvia
Aceites esenciales: Rosa, pachulí y lila
Piedra preciosa: Esmeralda
Piedra de poder: Ágata

Leo

Leo es el quinto signo del zodiaco y el segundo signo fijo. Se asocia con la fuerza, la creatividad, la autoexpresión y el liderazgo. Se dice que los nacidos bajo Leo son apasionados, teatrales, protectores y generosos.

Símbolo del zodíaco: El león
Día estacional: Mediados de verano
Sefirá: *Tiferet*
Camino cabalístico: *Geburah* a *Chesed*
Planeta regente: El Sol
Elemento: Fuego

Concepto clave: Magnetismo
Tipo de energía: Masculina
Mes hebreo: *Av*
Letras hebreas: *Tet-Kaf*
Letras del tetragrámaton: *He-Vav-Yod-He* (הויה)
Ángel guía: Verchiel
Arcano mayor: Fuerza
Arcanos menores: 5, 6, 7 de bastos
Numero: 9
Color: Amarillo
Día: Domingo
Madera: Avellana
Metal: Oro
Flor: Girasol o caléndula
Hierba: Hierba de San Juan
Aceites esenciales: Canela, cedro y naranja
Piedra preciosa: Rubí
Piedra de poder: Ámbar

Escorpio

Escorpio es el octavo signo del zodiaco y el tercer signo fijo. Se asocia con la intensidad, la profundidad y la transformación. Se dice que los nacidos bajo Escorpio son honestos, ambiciosos, temperamentales y tienen una mente estratégica.

Símbolo del zodíaco: El escorpión
Día estacional: Sucot (mitad del otoño)
Sefirá: *Da'at*
Camino cabalístico: *Tiferet* a *Netsaj*
Planeta regente: Plutón
Elemento: Agua
Concepto clave: Intensidad
Tipo de energía: Femenina
Mes hebreo: *Adar*

Letras hebreas: *Nun-Dalet*
Letras del tetragrámaton: *Vav-He-He-Yod* (וההי)
Ángel guía: Barbiel
Carta del tarot de los arcanos mayores: La Muerte
Cartas del tarot arcanos menores: 5, 6, 7 de copas
Numero: 72
Color: Azul-verde
Día: Martes
Madera: Hemlock
Metal: Hierro
Flor: Crisantemo
Hierba: Ajenjo
Aceites esenciales: Tuberosa y romero
Piedra preciosa: Topacio
Piedra de poder: Granate

Acuario

Acuario es el undécimo signo del zodiaco y el cuarto signo fijo. Se asocia con la innovación, el progreso y el cambio social. Se dice que los nacidos bajo Acuario son prácticos, previsores, humanitarios y capaces de encontrar soluciones ingeniosas a los problemas.

Símbolo del Zodíaco: El aguador
Día estacional: Mitad del invierno
Sefirá: *Binah*
Camino cabalístico: *Chochmah* a *Tiferet*
Planeta regente: Saturno
Elemento: Aire
Concepto clave: Excentricidad
Tipo de energía: Masculina
Mes hebreo: *Shevat*
Letras hebreas: *Bet-Tsadi*
Letras del tetragrámaton: *He-Yod-Vav-He* (היוה)
Ángel guía: Cambiel

Carta del tarot de los arcanos mayores: La Estrella
Cartas de tarot arcanos menores: 5, 6, 7 de espadas
Numero: 51
Color: Violeta
Día: Sábado
Madera: Fresno
Metal: Aluminio
Flor: Orquídea
Hierba: Valeriana
Aceites esenciales: Aceite de hinojo y verbena de limón
Piedra preciosa: Amatista
Piedra de poder: Zafiro

Capítulo 6: A través del zodíaco III. Signos mutables

Los signos mutables del zodíaco son Géminis, Virgo, Sagitario y Piscis. Se consideran flexibles y adaptables, más capaces de evolucionar que los demás signos. Los signos mutables aparecen al final de cada estación, presagiando la transformación de una a otra. Estos signos prosperan con el cambio, pero también tienen una naturaleza inquieta, nunca quieren quedarse en un lugar o hacer una cosa durante mucho tiempo. Los signos mutables pueden tomar las ideas solidificadas por los signos fijos y pulir los bordes más ásperos, perfeccionándolas.

Características de los signos mutables

Al igual que los signos cardinales y fijos, la versión cabalística tradicional de los signos mutables también tiene rasgos y características relacionados con la Aurora dorada y el tetragrámaton. Los principales atributos asociados con los cuatro signos mutables incluyen:

Géminis

Géminis es el tercer signo del zodíaco y el primer signo mutable. Se asocia con la comunicación, la información y la dualidad. Se dice que los nacidos bajo Géminis son astutos, perceptivos, adaptables, contrarios y pueden desenvolverse con facilidad en la mayoría de las situaciones sociales.

Símbolo del zodíaco: Los gemelos

Transición estacional: Fin de la primavera y comienzo del verano
Sefirá: *Hod*
Camino cabalístico: *Binah* a *Tiferet*
Planeta regente: Mercurio
Elemento: Aire
Concepto clave: Variedad
Tipo de energía: Masculina
Mes hebreo: *Sivan*
Letras hebreas: *Zayin-Resh*
Letras del tetragrámaton: *Yod-Vav-He-He* (יוהה)
Ángel guía: Ambriel
Arcano mayor del tarot: Los Enamorados
Arcanos menores: 8, 9, 10 de espadas
Numero: 14
Color: Naranja
Día: Miércoles
Madera: Roble
Metal: Mercurio
Flor: Violetas
Hierba: Perejil
Aceites esenciales: Lavanda, hierba limón y benjuí
Piedra preciosa: Ágata
Piedra de poder: Aguamarina

Virgo

Virgo es el sexto signo del zodiaco y el segundo signo mutable. Se asocia con el orden, la inteligencia, el discernimiento y la artesanía. Se dice que los nacidos bajo Virgo son detallistas, tienen mucho sentido común y a menudo eligen carreras en las que prestan servicio, como en el ejército, trabajos administrativos, puestos en el gobierno y trabajos manuales.

Símbolo del zodíaco: La Virgen

Transición estacional: Del final del verano al principio del otoño

Sefirá: *Hod*

Camino cabalístico: *Tiferet* a *Chesed*
Planeta regente: Mercurio
Elemento: Tierra
Concepto clave: Perfección
Tipo de energía: Femenina
Mes hebreo: *Elul*
Letras hebreas: *Yod-Resh*
Letras del tetragrámaton: *He-He-Vav-Yod* (ההוי)
Ángel de la Guarda: Hamaliel
Carta del tarot de los arcanos mayores: El Ermitaño
Cartas de tarot arcanos menores: 8, 9, 10 de oros
Numero: 5
Color: Amarillo-verde
Día: Miércoles
Madera: Aspen
Metal: Peltre
Flor: Gloria de la mañana
Hierba: Eneldo
Aceites esenciales: Toronjil, alcaravea y salvia
Piedra preciosa: Peridoto
Piedra de poder: Amatista

Sagitario

Sagitario es el noveno signo del zodíaco y el tercer signo mutable. Se asocia con la filosofía, la exploración, la inteligencia abstracta y la educación superior. Se dice que los nacidos bajo Sagitario son aventureros, optimistas e inteligentes, y que sienten un profundo aprecio por la naturaleza.

Símbolo del zodíaco: El arquero
Transición estacional: Fin del otoño y comienzo del invierno
Sefirá: *Chesed*
Camino cabalístico: *Tiferet* a *Geburah*
Planeta regente: Júpiter

Elemento: Fuego
Concepto clave: Expansión
Tipo de energía: Masculina
Mes Hebreo: *Kislev*
Letras hebreas: *Gimel-Samekh*
Letras del tetragrámaton: *Vav-Yod-He-He* (ויהה)
Ángel Guía: Advachiel
Carta del tarot de los arcanos mayores: La Templanza
Arcanos Menores: 8, 9, 10 de bastos
Numero: 65
Color: Azul
Día: Jueves
Madera: Saúco
Metal: Estaño
Flor: Iris
Hierba: Achicoria
Aceites esenciales: Clavo, enebro y vetiver
Piedra preciosa: Turquesa
Piedra de poder: Lapislázuli

Piscis

Piscis es el duodécimo signo del zodiaco y el cuarto signo mutable. Se asocia con la imaginación, la compasión, la espiritualidad y el amor incondicional. Se dice que los nacidos bajo Piscis son artísticos, empáticos, ingenuos y poseen un sentido del idealismo.

Símbolo del zodíaco: El pez
Transición estacional: Fin del invierno y comienzo de la primavera
Sefirá: *Chochmah*
Camino cabalístico: *Netsaj* a *Malkuth*
Planeta regente: Neptuno
Elemento: Agua
Concepto clave: Compasión
Tipo de energía: Femenina

Mes hebreo: *Adar*
Letras hebreas: *Gimel-Qof*
Letras del tetragrámaton: *He-He-Yod-Vav* (ההיו)
Ángel guía: Barchiel
Carta del tarot de los arcanos mayores: La Luna
Cartas del tarot de los Arcanos Menores: 8, 9, 10 de copas
Numero: 34
Color: Violeta-rojo
Día: Jueves
Madera: Olivo silvestre
Metal: Platino
Flor: Jacinto
Hierba: Milenrama
Aceites esenciales: Gardenia, alcanfor y jazmín
Piedra preciosa: Aguamarina
Piedra de poder: Turmalina

Capítulo 7: Lecciones sobre los nodos lunares

Los nodos lunares desempeñan un papel importante en la astrología cabalística. Esto se debe a su rol astronómico, ya que cada vez que la luna llena está lo suficientemente cerca de uno de los nodos lunares, se produce un eclipse lunar, y cuando sucede con la luna nueva, se produce un eclipse solar. También influyen en las mareas oceánicas, haciendo que bajen más de lo habitual. Sin embargo, debido al calentamiento global y al aumento del nivel del mar, probablemente los nodos lunares contribuirán a un aumento de las inundaciones costeras en la década de 2030.

Los nodos lunares

Los nodos lunares son los dos puntos del espacio en los que la órbita de la luna se cruza con el plano de la órbita de la Tierra alrededor del Sol, también conocido como plano de la eclíptica. El punto en el que la luna se desplaza al norte del plano eclíptico se denomina nodo ascendente, y el punto en el que se desplaza al sur del plano eclíptico se denomina nodo descendente. En astrología, los nodos lunares son puntos importantes de las cartas natales y se utilizan a menudo para interpretarlas.

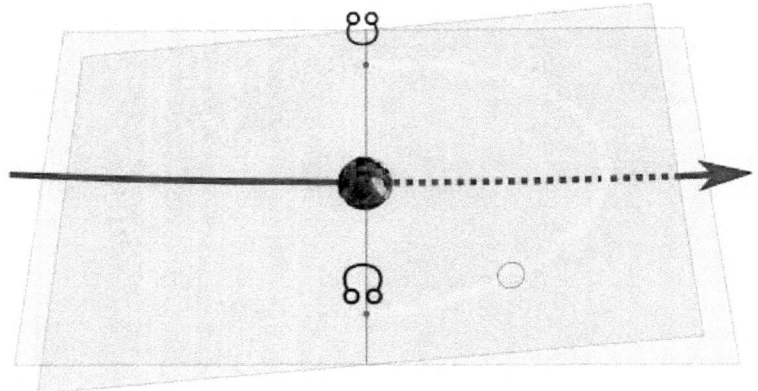

Los nodos lunares norte y sur
Episcophagus, CC BY-SA 4.0 https://creativecommons.org/licenses/by-sa/4.0, vía Wikimedia Commons https://commons.wikimedia.org/wiki/File:Lunar_nodes.svg

Precesión lunar

La precesión lunar es el cambio gradual en la orientación del eje de rotación de la luna en el espacio. Es causada por la atracción gravitatoria del Sol y de la Tierra sobre la protuberancia ecuatorial de la luna, que hace que el eje lunar se mueva en un pequeño círculo. Este movimiento, denominado precesión, afecta a los polos de la luna, orientándolos en direcciones ligeramente diferentes a lo largo del tiempo. La precesión del eje de rotación lunar provoca una alteración de la posición aparente de la luna en el cielo, algo que puede observarse a lo largo de un periodo de 18,6 años. Es lo que se conoce como ciclo nodal lunar. La precesión de la luna también afecta a la posición de los nodos lunares, ya que estos se determinan por el lugar en el que la órbita de la luna cruza la eclíptica.

El nodo norte (ascendente)

El nodo norte o ascendente es el punto de la órbita de la luna en el que esta se desplaza desde el hemisferio sur del cielo hacia el hemisferio norte, viéndolo desde la Tierra. Representa las experiencias necesarias para cultivar y mejorar el karma y evolucionar espiritualmente. En la astrología cabalística, el nodo norte también se denomina *tikkun*. Se considera el ajuste kármico que el alma necesita llevar a cabo antes de crecer. El *tikkun* ayuda al desarrollo personal y brinda nuevas oportunidades. Simboliza el comienzo del viaje, cuando aún se es inexperto y queda mucho por avanzar.

El nodo sur (descendente)

El nodo sur o descendente es el punto de la órbita lunar en el que esta cruza del hemisferio norte del cielo al hemisferio sur desde el punto de vista de la Tierra. Representa los rasgos y experiencias que son naturales. Sin embargo, pueden desarrollarse y servir como apoyo al que recurrir, ya que tienden a estar dentro de la zona de confort. En la astrología cabalística, el nodo sur se considera un punto de liberación, en el que se deben dejar ir viejos hábitos, apegos y comportamientos. Se asocia con los patrones kármicos y simboliza las personas, los lugares, las cosas y los acontecimientos de los que debe desprenderse para alcanzar un desarrollo como individuo.

La cábala y los nodos lunares

En lo que respecta a la astrología cabalística, los nodos lunares ayudan a responder preguntas importantes sobre el destino, el camino kármico y las identidades en vidas pasadas. Puede averiguar por qué existe, qué debe hacer con su vida y dónde debe concentrar su energía. Las diferentes combinaciones de los nodos norte y sur crean un conjunto único de características, destinos y encarnaciones que puede utilizar para guiarse a la hora de determinar su futuro.

Combinaciones de los nodos norte y sur

Aunque los nodos norte y sur son completamente opuestos entre sí, trabajan juntos cuando se combinan para establecer un grupo específico de características que pasan a primer plano. Estas combinaciones incluyen:

Nodo norte en Aries y nodo sur en Libra

Vida: Debe aprender a ser más autosuficiente, ya que tiene tendencia a poner toda su atención en sus relaciones. No deje que sus relaciones de pareja lo definan; tiene un montón de grandes atributos como individuo. Salga de cualquier situación tóxica en la que esté involucrado, ya que no vale la pena el daño que hace a su ser. Las relaciones requieren mucho trabajo y tiene que estar seguro de usted mismo antes de hacer el esfuerzo necesario para mantenerlas.

Destino: Está en un viaje de autodescubrimiento y será pionero con sus ideas.

Encarnación: En una vida pasada, fue impulsivo y autosuficiente. Probablemente fue una persona ambiciosa y de éxito, pero sus relaciones pueden haberse resentido por ello. Utilice su vida actual para trabajar en mejorar sus relaciones con los demás, pero no permita que lo consuman.

Nodo norte en Tauro y nodo sur en Escorpio

Vida: Disfruta de las cosas finas de la vida, pero también puede ser demasiado generoso y hedonista. Es probable que esté más a cargo de las finanzas de su familia que de su pareja. Mantener la coherencia en el flujo de sus emociones y cumplir las promesas es esencial, ya que tiende a centrarse demasiado en la evolución personal. No levante muros; está bien dejar entrar a los demás, especialmente a alguien de tanta confianza como una pareja romántica.

Destino: Está en un viaje en el que experimentará un reparto de recursos con un cónyuge o pareja y construirá su riqueza según sus propios términos.

Encarnación: En una vida pasada, fue muy autosuficiente y nunca dependió de nadie para nada. Sin embargo, es posible que se haya vuelto demasiado codicioso, perdiendo de vista lo que es verdaderamente importante. Utilice su vida actual para equilibrar su vida personal y profesional, encontrando un cómodo término medio entre ambos aspectos de su existencia.

Nodo norte en Géminis y nodo sur en Sagitario

Vida: Es un pensador independiente y posee grandes habilidades de comunicación. Ya sea hablando o escribiendo, dice lo que quiere y se basa en hechos para hacerlo. Ver nuevos lugares y conocer gente nueva es su actividad favorita, y disfruta con los retos. Después de sus diversas experiencias, volverá enriquecido y listo para transmitir a los demás todo lo que ha aprendido.

Destino: Está en un viaje para descubrir cosas nuevas y emocionantes en todo el mundo y utilizar sus propias experiencias para comunicar las lecciones aprendidas a quienes se encuentran en una fase anterior de su vida.

Encarnación: En una vida pasada, fue un explorador o aventurero y a menudo hablaba de sus experiencias como un gran orador o autor.

Utilice su vida actual para aprender sobre el mundo y compartir estas ideas sin olvidar volver a casa.

Nodo norte en Cáncer y nodo sur en Capricornio

Vida: Lucha constantemente entre su carrera profesional y su creciente familia. A veces, puede ser demasiado ambicioso y olvidarse de cultivar las relaciones con la gente fuera del trabajo. Centrarse en su trabajo es una forma de hacer frente a los problemas de la vida, lo que lo lleva a descuidar las otras facetas de su mundo. Asegúrese también de atender sus necesidades, dese tiempo para descansar y recuperarse.

Destino: Está viajando para nutrir su vida privada y profesional y que ambas sean satisfactorias. En un tira y afloje entre ambas, es probable que la parte familiar salga ganando.

Encarnación: En una vida pasada, se concentró demasiado en su carrera y sus relaciones románticas y familiares se resintieron por ello. Utilice su vida actual para ser sensible a las necesidades emocionales de los demás. Esto puede llevar sus relaciones a un nuevo nivel.

Nodo norte en Leo y nodo sur en Acuario

Vida: Los esfuerzos artísticos y creativos son su pan de cada día. Tiende a ser un soñador, y aunque esto no siempre resulta en metas realistas, apuntar a las estrellas a veces puede funcionar para usted. Aunque prefiere formar parte de un grupo o equipo, rara vez asume un papel de liderazgo. Anhela hacerse notar, pero se siente incómodo bajo los focos. Sin embargo, una vez que haya visto cómo responde la gente a sus talentos, le resultará más fácil salir de su zona de confort y brillar.

Destino: Está en un viaje de expresión creativa, buscando hacerse un nombre en el mundo de las artes y el entretenimiento. Es un camino difícil, pero si sigue adelante y cree en usted mismo, puede que llegue lejos.

Encarnación: En una vida pasada, rebosaba creatividad, pero dudaba a la hora de arriesgarse. Jugó sobre seguro y se aferró a una carrera poco llamativa para tener seguridad. Utilice su vida actual para tomar las riendas, lo que puede elevarlo a nuevas alturas.

Nodo norte en Virgo y nodo sur en Piscis

Vida: Es un ayudante por naturaleza, siempre buscando sanar las heridas de otros. Sin embargo, debe sanarse a usted mismo para ser más efectivo. Algunas de sus ideas son demasiado extremas y es poco probable que pasen de la fantasía a la realidad. Esto no significa que deba renunciar a sus sueños, sino que debe gestionar sus expectativas. Mantener una rutina y establecer hábitos diarios positivos puede ayudarlo a superar su tendencia a dejar que las cosas del presente se le escapen mientras piensa en el futuro.

Destino: Está en un viaje de transformación. Busque oportunidades para mejorarse a sí mismo, pero nunca ignore su impulso de ayudar a los demás en su propio desarrollo personal.

Encarnación: En una vida pasada, fue alguien con muchos problemas de salud. Esto lo ha hecho muy empático con quienes se encuentran en una situación similar, y es sensible a sus necesidades físicas y emocionales. Utilice su vida actual para ser más crítico y asertivo. No deje que otros lo presionen porque muestra simpatía por los demás. Aunque tiene tendencia a internarse en el mundo espiritual, ignorando sus propias relaciones, tiene la oportunidad de ser más comunicativo.

Nodo norte en Libra y nodo sur en Aries

Vida: Es independiente por naturaleza, pero también tiende a hablar o actuar impulsivamente. Trabajar cooperativamente y amar a los demás libremente es un reto, ya que está acostumbrado a poner sus necesidades primero. Ahora, debe centrarse en los demás.

Destino: Está en un viaje de aprendizaje de lecciones sobre el compromiso en sus relaciones y asociaciones. Aunque es líder y autosuficiente, no tiene que hacerlo todo solo.

Encarnación: En una vida pasada, fue un lobo solitario, trabajando duro para asegurarse de nunca necesitar la ayuda de nadie para sobrevivir; esto lo aleja de los beneficios de mantener relaciones estrechas. Utilice su vida actual para ser más diplomático con los demás, mostrándose dispuesto a escuchar sus ideas en lugar de seguir siempre adelante con las suyas.

Nodo norte en Escorpio y nodo sur en Tauro

Vida: Tiene una profunda conexión con el mundo espiritual y metafísico. Por ello, tiende a confiar en el apoyo de los demás para sobrevivir, sobre todo económicamente. Ya sea por recibir una herencia o por casarse con un cónyuge rico, tiene la libertad de concentrar su energía en cosas que van más allá de poner comida en la mesa y un techo sobre su cabeza. A veces puede obsesionarse demasiado con sus proyectos actuales, y las adicciones son un peligro muy real para usted.

Destino: Está en un viaje de enriquecimiento espiritual, experimentando el lado místico del mundo que la mayoría de la gente ignora.

Encarnación: En una vida pasada, estuvo en un fondo fiduciario o fue un ama de casa. Utilice su vida actual para mejorar su capacidad de gestionar sus propios asuntos y sea paciente a la hora de encontrar su camino. No dude en confiar en su intuición. Deje que le ayude a navegar por las aguas traicioneras y lo lleve a un lugar donde no se sienta controlado o atrapado.

Nodo norte en Sagitario y nodo sur en Géminis

Vida: Es una persona muy habladora, pero a veces le falta concentración. Hay un impulso constante dentro de usted que lo incita a buscar sabiduría en muchos lugares diferentes, y disfruta aprendiendo cosas nuevas. Sin embargo, también tiende a cambiar de un tema a otro en cuanto empieza a aburrirse. Se distrae con facilidad, pero cuando se lo propone, puede tener mucho éxito.

Destino: Está en un viaje para aplicar la riqueza de conocimientos que ha acumulado a fines prácticos. Su generosidad con los demás se manifiesta tanto con recursos como con información.

Encarnación: En una vida pasada, fue profesor o filósofo. Sin embargo, se quedó estancado en el mundo académico. Utilice su vida actual para tomar todo lo que ha aprendido y probarlo en el mundo real. No se limite a hablar de algo, salga y llévelo a cabo.

Nodo norte en Capricornio y nodo sur en Cáncer

Vida: Es muy pragmático y busca las oportunidades con más posibilidades de éxito. Su trabajo duro y su motivación surgen de la necesidad de aprobación, que obtiene con bastante frecuencia. En ciertos aspectos de su vida, es idealista y humanitario, pero también puede ser un poco egoísta. Aunque está muy orientado a los objetivos y se esfuerza por ser el mejor en su profesión, no quiere buscar la fama.

Destino: Persiga la realización personal y encuentre un equilibrio saludable entre la vida laboral y personal mientras trabaja por sus objetivos.

Encarnación: En una vida pasada, fue una persona de éxito entre bastidores. Sin embargo, sus ambiciones se vieron limitadas por evitar correr riesgos. Aproveche su vida actual para diversificarse y fijarse objetivos que pueden parecer inalcanzables. Puede que se sorprenda a usted mismo con su capacidad para alcanzarlos, a pesar de las escasas posibilidades de éxito.

Nodo norte en Acuario y nodo sur en Leo

Vida: Es el tipo de persona cuyo mayor deseo es dejar el mundo mejor de lo que lo encontró. Cuando se trata de cosas como la política y los gobiernos, suele adoptar una postura más liberal o progresista. Sin embargo, también le gusta ser el centro de atención, y algunos de sus esfuerzos pueden parecer más engreídos que humanitarios. Continúe desarrollándose como persona y estos problemas desaparecerán con el tiempo.

Destino: Está en un viaje de justicia social, dando voz a las personas que son olvidadas por el resto del mundo.

Encarnación: En una vida pasada, fue un activista social, centrado en gran medida en ayudar a los demás y luchar por una causa. Utilice su vida actual para moderar algunos de los rasgos más agresivos de su personalidad, de modo que aprenda a negociar y comprometerse en beneficio de todos.

Nodo norte en Piscis y nodo sur en Virgo

Vida: Es alguien que se enfoca en el panorama general, emprendiendo esfuerzos que inician el cambio para grandes grupos de personas. A veces puede carecer de límites, ya que siempre está empujando a los demás a mejorar. Como es perfeccionista, espera el mismo nivel de compromiso de quienes lo rodean.

Destino: Está en un viaje para cambiar el mundo a través de ideas visionarias o acciones innovadoras.

Encarnación: En una vida pasada, fue un científico, médico o inventor a la vanguardia de la ciencia y la tecnología. Buscaba constantemente mejorar lo que había antes, por muy satisfechos que estuvieran otros en su campo. Aproveche su vida actual para relajarse un poco. Aunque aún puede ir más allá, tómese un tiempo para hacer algo que lo calme y que no requiera que esté siempre avanzando y esforzándose al 110 %.

Capítulo 8: Lectura de la carta natal cabalística

Ahora que conoce mejor los planetas y los signos del zodíaco, es hora de poner en práctica todo ese conocimiento y aprender a interpretar una carta natal cabalística. Las estrellas, los planetas y otros cuerpos celestes pueden afectarle significativamente como persona, aunque no se dé cuenta. Familiarizarse con cada aspecto de la carta natal es la mejor manera de interpretar los signos y otra información que proporciona.

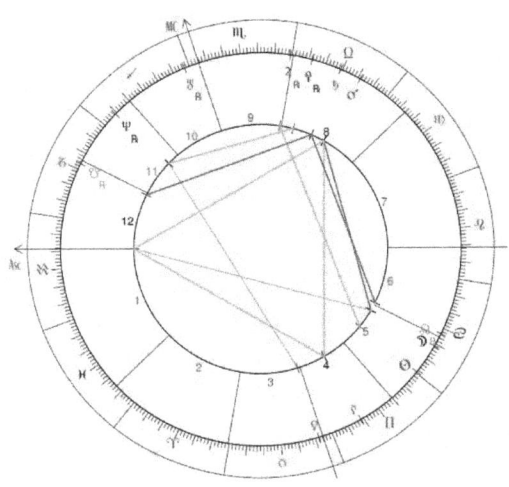

Ejemplo de carta natal
Morn, CC BY-SA 3.0 https://creativecommons.org/licenses/by-sa/3.0, *vía Wikimedia Commons*
https://commons.wikimedia.org/wiki/File:Natal_Chart_--_Adam.svg

¿Qué es la carta natal cabalística?

La carta natal cabalística es una carta utilizada en la astrología cabalística para comprender los aspectos espirituales de la vida, incluyendo el propósito del alma, sus fortalezas y desafíos. Se cree que la carta natal revela el potencial de cada camino espiritual y explica cómo cumplir mejor el propósito de la vida. La carta natal se crea analizando las posiciones de los planetas y otros cuerpos celestes en el momento del nacimiento e interpretándolas según los principios cabalísticos.

Las casas astrológicas

En astrología, la carta del horóscopo se divide en doce casas. Estas casas representan diferentes áreas de la vida y están determinadas por la hora y la ubicación del nacimiento de una persona. Cada casa corresponde a un signo del zodiaco y a un planeta diferentes y estos símbolos astrológicos proporcionan información sobre diversos aspectos de la vida de una persona, como su carrera, sus relaciones, su familia y su salud. Cada casa también tiene un planeta regente natural, que es el planeta que gobierna los asuntos de la casa y se considera el planeta más fuerte de esa casa.

Las doce casas suelen representarse en una rueda, en la que la primera casa se sitúa alrededor de las 9:00 y las siguientes se ubican en sentido contrario a las agujas del reloj. Las casas de la primera a la sexta son las casas personales. Gobiernan la vida privada de una persona; los nacidos bajo estas casas pueden tener problemas para alejarse de la casa de su infancia o de sus amigos. Las casas entre la siete y la doce son las interpersonales. Rigen las relaciones de una persona; los nacidos bajo estas casas pueden tender a dejar atrás el pasado. Las casas y sus descripciones son:

Casa 1 (Aries): Casa del yo

La casa 1, también llamada ascendente o signo naciente, representa el yo, la personalidad, la apariencia física, las primeras impresiones y la visión general de la vida. Está regida por el planeta Marte. Los cuerpos celestes que transitan por esta casa permiten ver cómo se solidifican las ideas, puntos de vista y otros esfuerzos. Los objetivos también se manifiestan.

Casa 2 (Tauro): Casa de las posesiones

La casa 2 representa las posesiones materiales, las finanzas personales, las rutinas diarias, la ética laboral y la autoestima. Está regida por el planeta Venus. Cuando los cuerpos celestes transitan por esta casa, iluminan cualquier cambio en la autoestima o en los recursos personales. Las personas nacidas bajo esta casa tienden a buscar la seguridad a través de cosas materiales, pero también llevan sus emociones a flor de piel.

Casa 3 (Géminis): Casa de la comunicación

La casa 3 representa la comunicación, las actividades sociales, los hermanos, los vecinos y los viajes de corta distancia. Está regida por el planeta Mercurio. Si los cuerpos celestes transitan por esta casa, se revela información crítica relativa a las personas más cercanas. Dado que la comunicación es la mejor manera de resolver la mayoría de los problemas, ya que permite una base sólida en las relaciones, centrar la energía en este aspecto de la vida puede conducir a un mayor éxito.

Casa 4 (Cáncer): Casa del hogar y la familia

La casa 4 representa el hogar, la familia, el autocuidado, la feminidad y los cimientos emocionales. Está regida por la luna. Los cuerpos celestes que se mueven por esta casa imploran que se dedique tiempo, dinero y energía a construir la propia infraestructura. Esto incluye establecer espacios seguros y santuarios privados en los cuales trabajar las relaciones familiares.

Casa 5 (Leo): Casa del placer

La casa 5 representa el placer, la creatividad, la alegría, la fertilidad, el romance y la autoexpresión. Está regida por el Sol. Durante el tránsito de los cuerpos celestes por esta casa, la inspiración creativa se ve reforzada y aumenta la autoconfianza. Es importante encontrar algo con lo que cada persona se sienta satisfecha, sea lo que sea.

Casa 6 (Virgo): Casa de la salud

La casa 6 representa la salud, la forma física, los hábitos, la organización y la autoestima. Está regida por el planeta Mercurio. Los cuerpos celestes que se mueven por esta casa estimulan la capacidad para establecer buenos hábitos y redefinir las rutinas diarias. Es importante asegurar un equilibrio entre la vida familiar y laboral sin descuidar la salud mental. Dónde se pasa el tiempo es tan importante como con quién, así que es fundamental un entorno saludable.

Casa 7 (Libra): Casa de la sociedad

La casa 7, también llamada descendente, representa las asociaciones, las relaciones, el matrimonio, los contratos, la igualdad y las habilidades interpersonales. Está regida por el planeta Venus. Cuando los cuerpos celestes se mueven por esta casa, hay éxito en la elaboración de contratos y el cierre de acuerdos importantes. Las relaciones románticas son tan importantes como las profesionales, por lo que se debe poner el mismo empeño en ellas para lograr mejoras significativas con la pareja o cónyuge.

Casa 8 (Escorpio): Casa de la transformación

La casa 8 representa la transformación, los bienes, los recursos compartidos, la intimidad, las empresas conjuntas y el misterio. Está regida por el planeta Plutón. Los cuerpos celestes que transitan por esta casa ayudan a desenvolverse en situaciones complejas. Aunque es perfectamente aceptable cumplirse un capricho, ya que nadie sabe cuánto tiempo le queda en la Tierra, se debe ser flexible con respecto a los propios intereses. También se debe estar dispuesto a perdonar y olvidar las transgresiones del pasado y no aferrarse a los éxitos del pasado. Estar dispuesto a abrirse al aquí y ahora es prepararse para las grandes cosas que pueden suceder en el futuro.

Casa 9 (Sagitario): Casa de la filosofía

La casa 9 representa la filosofía, la educación superior, los viajes, la ley, la religión, el aprendizaje y las relaciones transculturales. Está regida por el planeta Júpiter. Si los cuerpos celestes transitan por esta casa, se profundiza en nuevos temas con entusiasmo. Aunque haya estancamiento, se pueden sacudir las telarañas y reavivar las pasiones viendo las cosas de otra manera. A veces, un cambio de aires puede hacer mucho para combatir una rutina aburrida.

Casa 10 (Capricornio): Casa del estatus social

La casa 10 representa el estatus social, la carrera, los objetivos a largo plazo, la masculinidad, la fama y la reputación. Está regida por el planeta Saturno. Cuando los cuerpos celestes se mueven por esta casa, se producen cambios profesionales. También existe la posibilidad de que la casa revele a alguien que oculta sus ambiciones y busque triunfar a costa de otros. Es importante tener cuidado con la confianza, especialmente en lo que se refiere a la reputación. Aunque ser popular no lo es todo en la vida, no hay razón para dejar que el propio estatus social sufra innecesariamente.

Casa 11 (Acuario): Casa de la amistad

La casa 11 representa la amistad, las redes, la tecnología, la conciencia social, el humanitarismo y la comunidad. Está regida por el planeta Urano. Los cuerpos celestes que se mueven por esta casa permiten llegar a una red más amplia de personas y encontrar un lugar dentro de la sociedad. La tecnología facilita el contacto con los amigos y la creación de nuevos contactos profesionales, así que se deben aprovechar estas ventajas. Una red de apoyo es increíblemente importante y proporciona una base sólida a las relaciones. Si hay problemas serios, es importante contar con buenas personas en las que apoyarse.

Casa 12 (Piscis): Casa del inconsciente

La casa 12 representa el inconsciente, la espiritualidad, la curación, el karma, la vida después de la muerte, el esoterismo y el subconsciente. Está regida por el planeta Neptuno. Cuando los cuerpos celestes transitan por esta casa, se revela la necesidad de apartar a algunas personas de la vida. Aunque sea empático y no tenga problema en compartir sus emociones con los demás, algunos son demasiado tóxicos y dramáticos, algo con lo que nadie debería sentirse obligado a lidiar. Recuerde que el karma siempre devuelve lo que se pone en el mundo, así que asegúrese de emitir positividad a donde vaya.

Cómo leer la carta natal cabalística

La carta natal cabalísticas suele representarse como una rueda dividida en porciones, parecida a una pizza. La rueda suele tener tres círculos concéntricos que dividen cada porción en tres secciones. El círculo exterior muestra los doce signos del zodiaco, el círculo central los diez planetas astrológicos y el círculo interior los doce números de las casas astrológicas. Algunas cartas natales utilizan símbolos para cada círculo, mientras que otras representan los signos del zodiaco como intervalos de fechas, lo que facilita la búsqueda de la fecha de nacimiento de una persona que no está familiarizada con el zodiaco. Dado que no todas las fuentes indican exactamente los mismos intervalos de fechas para cada signo, esto también puede evitar cualquier confusión al trazar la carta natal de alguien.

La lectura de una carta natal implica trazar la posición de los planetas en el cielo en el momento de su nacimiento, así como su ubicación geográfica. Cada planeta influye en un rasgo o característica particular de la personalidad. Algunos planetas también rigen diferentes signos del zodiaco, lo que les confiere una mayor conexión con los atributos que poseen. También se debe encontrar el ascendente en la carta natal. El ascendente es el punto que se elevaba sobre el horizonte oriental en el preciso momento del nacimiento, medido por signo y grado. En la rueda de la carta natal, se encuentra en el lado izquierdo, más o menos en el lugar donde se situarían las 9:00 en un reloj. El descendente se encuentra en el lado opuesto, alrededor de las 3:00.

La primera casa astrológica siempre coincide con el ascendente. Los signos del zodiaco y los planetas astrológicos se colocan alrededor de la rueda en función de la primera. Una vez que haya colocado los signos del zodiaco y los planetas astrológicos en sus posiciones correctas en función de la hora y el lugar de su nacimiento, podrá interpretar sus rasgos y características como en un horóscopo. Dependiendo de la orientación de los signos del zodiaco y los planetas astrológicos, es posible que tenga una mayor conexión con determinados atributos, tipos de personalidad, comportamientos, encarnaciones y destinos. Los planetas representan sus acciones y motivaciones, las casas astrológicas expresan cómo realiza las tareas de su vida y los signos del zodiaco representan los aspectos de usted mismo en los que debe trabajar para crecer y cambiar.

Ejemplos de lecturas de cartas natales

He aquí algunos ejemplos de lecturas de cartas natales, en las que se utiliza toda la información relevante en relación con la fecha, hora y lugar para obtener un informe completo sobre los rasgos, características, personalidad y objetivos vitales de la persona del ejemplo:

Persona A (Hombre): Nacido el 17 de septiembre de 1993, a las 6:48 A.M. en New York City, New York, USA.

Casa 1 (Ascendente): Virgo - Luna, Mercurio y Júpiter

Casa 2: Libra - Marte

Casa 3: Escorpio - Plutón y nodo norte

Casa 4: Sagitario - Urano y Neptuno

Casa 5: Capricornio - Saturno

Casa 6: Acuario

Casa 7 (Descendente): Piscis

Casa 8: Aries

Casa 9: Tauro - Nodo sur
Casa 10: Géminis
Casa 11: Cáncer - Venus
Casa 12: Leo - Sol

La persona A tiene ascendente Virgo y la luna también está en Virgo. El nodo norte está en la casa 3 y el Sol está en Leo y en la casa 12. Esto significa que es analítico, despierto, social, inteligente, erudito, reservado, crítico, servicial y concienzudo. Es el tipo de persona que sabe hablar en público, pero que presiona demasiado a los demás para que estén a su altura. Puede dedicarse a la política, la docencia, la enseñanza o el activismo social.

Persona B (Mujer): Nacida el 25 de mayo de 1977 a las 15:04 en París, Francia

Casa 1 (Ascendente): Cáncer
Casa 2: Leo - Saturno
Casa 3: Leo
Casa 4: Virgo - Plutón y nodo norte
Casa 5: Libra - Luna y Urano
Casa 6: Sagitario - Neptuno
Casa 7 (Descendente): Capricornio - Mercurio y Marte
Casa 8: Acuario - Sol
Casa 9: Acuario
Casa 10: Piscis - Venus y nodo sur
Casa 11: Aries - Júpiter
Casa 12: Géminis

La persona B tiene ascendente Cáncer. El nodo norte está en Virgo y en la casa 4. La Luna está en la casa 5 y el Sol en la casa 8. Esto significa que es valiente, independiente, sensual, progresista, independiente y autónoma. Tiene un espíritu insólito, rebelde y revolucionario, así como fuertes ideales y gran valor ante la adversidad. Sus trayectorias profesionales más probables incluyen artista, activista social, periodista o autora de novelas románticas.

Persona C (no binaria): Nacida el 26 de junio de 2001 a las 22:31 en Tokio, Japón.

Casa 1 (Ascendente): Piscis

Casa 2: Aries - Venus

Casa 3: Tauro - Saturno

Casa 4: Géminis - Sol, Mercurio, Júpiter y nodo norte

Casa 5: Cáncer

Casa 6: Leo

Casa 7 (Descendente): Virgo - Luna

Casa 8: Libra

Casa 9: Escorpio - Plutón

Casa 10: Sagitario - Marte y nodo sur

Casa 11: Capricornio

Casa 12: Acuario - Urano y Neptuno

La persona C tiene ascendente Piscis. El Sol y el nodo norte están en Géminis y en la casa 4. La Luna está en Virgo y en la casa 7. Esto significa que es tenaz, tranquilo, tierno, discreto, reflexivo, sensible, humilde e impresionable. Tiene un fuerte sentido de la individualidad, una energía radiante y creativa, muy buena memoria y una estricta disciplina emocional. Sin embargo, también puede ser algo tímido, indeciso, ansioso, perezoso o manipulador. Es probable que se dedique a profesiones como científico, médico, cirujano, investigador, erudito, académico o trabajador sanitario.

Capítulo 9: La cábala y las cartas del tarot

La historia de la cábala y el tarot están más estrechamente entrelazadas de lo que mucha gente cree. Mientras que varias fuentes dan diferentes fechas de inicio para el tarot, incluyendo el Antiguo Egipto, Francia del siglo XIII, o Italia del siglo XV, una de las primeras guías definitivas para el tarot fue publicada por el cabalista Eliphas Levi en 1856. El *Dogme et Rituel de la Haute Magie* (Dogma y ritual de la alta magia) estaba dividido en 22 capítulos, reflejando las 22 cartas de los arcanos mayores del tarot. También equiparó cada carta de los arcanos mayores con una letra del alfabeto hebreo y los cuatro palos de los arcanos menores con el tetragrámaton.

En 1889, el alumno de Levi, Gerard Encausse, publicó su propio libro sobre el tarot bajo el nombre de «Papus», y lo tituló El tarot de los Bohemios. Por la misma época, el ocultista suizo Oswald Wirth sacó la primera baraja de arcanos mayores que incorporaba las 22 letras hebreas a sus diseños tradicionales. La *Golden Dawn* también utilizaba el alfabeto hebreo en sus barajas de tarot, aunque no imprimía las letras en las cartas. Los escritos de los miembros de la organización muestran que asignaban las sefirot a las diez cartas numeradas de los arcanos menores y los cuatro mundos a los cuatro palos. Aleister Crowley incluso intercambió las letras conectadas a las cartas de los arcanos mayores conocidas como el Emperador y la Estrella, dando «*Tsadi*» al Emperador y «*He*» a la Estrella.

La cábala y el tarot también comparten principios básicos en sus sistemas de creencias. Los cuatro palos de la baraja del tarot se refieren a diferentes aspectos de la vida de una persona: el palo de espadas equivale al conocimiento, el de bastos a la sexualidad y la pasión, el de copas a las emociones y el de oros al dinero y las carreras. Esto se corresponde con la forma en que las sefirot del Árbol de la vida y la astrología cabalística expresan atributos similares en la vida de una persona. Las 22 cartas de los arcanos mayores se han equiparado con los 22 caminos de las sefirot en el Árbol de la vida y las 22 letras del alfabeto hebreo.

El sistema de cartas del tarot

La baraja moderna cabalística del tarot tiene 78 cartas. Hay 22 arcanos mayores, cada uno con su propio nombre y rasgos asociados, y 56 arcanos menores. Los arcanos menores se dividen en 4 palos, con 14 cartas por palo. Cada palo contiene cartas numeradas, del 1 al 10, y cuatro cartas de la corte, que incluyen el Rey, la Reina, el Caballero y el Paje. Los 4 palos se llaman espadas, bastos, copas y oros. Las cartas del tarot pueden utilizarse para la cartomancia o una forma especial de adivinación que utiliza una baraja de cartas. Además de la adivinación, pueden revelar todo tipo de información que ayuda a descubrir cosas sobre sí mismo. Como lo indican los nombres de las dos barajas del tarot, arcanos mayores significa «secretos mayores» y arcanos menores significa «secretos menores».

Cartas del tarot de los arcanos mayores

Las 22 cartas de los arcanos mayores del tarot son conocidas como las cartas con nombre, numeradas o de triunfo. Generalmente se les asigna una combinación estandarizada de nombre y número, utilizando números romanos para cada una. Sin embargo, la carta del Loco no lleva ningún número, por lo que los números solo tienen representación del 1 al 21, escritos como I a XXI. Aunque el Loco puede colocarse en la parte superior o inferior del conjunto de cartas con nombre, y extraoficialmente se le asigna el número 0 (cero) o XXII (22), las barajas de tarot cabalístico suelen asignarlo a la parte superior y considerarlo como 0.

Cartas del tarot de los arcanos mayores
https://unsplash.com/photos/y3qrbAgm7q8

Lista de Cartas

1. **El Loco (0):** Se le asigna la letra hebrea *Aleph*. Se asocia con el planeta Urano, el elemento aire y el signo zodiacal de Acuario. En diferentes sistemas de cartas del tarot, el Loco puede colocarse en primer o último lugar, pero en las versiones cabalísticas de la baraja, siempre se coloca en primer lugar. Aunque la carta en sí no tiene un número, el Loco se considera el número cero cuando se coloca en primer lugar o XXII (22) cuando se coloca en último. Esta carta representa a un hombre vestido con un atuendo estereotipado de Loco. Cuando la carta está en posición vertical, representa la aventura, la inocencia y los nuevos comienzos. Si está invertida, significa temeridad, imprudencia y riesgos innecesarios.

2. **El Mago (I):** Se le asigna la letra hebrea *Bet*. Se asocia con el planeta Mercurio, el elemento aire y el signo zodiacal de Géminis. Típicamente, esta carta muestra la figura del Mago señalando hacia arriba con una mano y hacia abajo con la otra. Esto representa la frase «como es arriba, es abajo», que a menudo se interpreta como que lo que se crea en el reino metafísico se manifiesta en el mundo físico. La carta también muestra una mesa con una espada, una varita, una copa y un oro,

que son los cuatro palos de los arcanos menores. Cuando la carta está en posición vertical, representa la fuerza de voluntad, la creación y la manifestación. Si está invertida, significa manipulación, talentos desperdiciados y falta de previsión.

3. **La Suma sacerdotisa (II):** Se le asigna la letra hebrea *Gimel*. Se asocia con la Luna, el elemento agua y el signo zodiacal de Cáncer. Esta carta representa a una mujer vestida con una túnica azul, sentada y con las manos sobre el regazo. Hay una luna creciente a sus pies y lleva una corona de cuernos en la cabeza. Está sentada entre un pilar blanco y otro negro, lo que simboliza la dualidad. Cuando la carta está en posición vertical, representa la divinidad femenina, la intuición y el inconsciente. Si está invertida, significa silencio, retraimiento y emociones reprimidas.

4. **La Emperatriz (III):** Se le asigna la letra hebrea *Dalet*. Se asocia con el planeta Venus, el elemento fuego y el signo zodiacal de Tauro. Esta carta representa a una mujer sentada en un trono y con una corona con doce estrellas encima, que simbolizan los doce signos del zodíaco, las doce casas astrológicas y los doce meses del año. También sostiene un cetro en una mano, mostrando el poder que tiene sobre la vida. Cuando la carta está en posición vertical, representa la fertilidad, la nutrición, la abundancia y la feminidad. Si está invertida, significa vacío, prepotencia y dependencia.

5. **El Emperador (IV):** Se le asigna la letra hebrea *He* (o *Tsadi*). Se asocia con el planeta Marte, el elemento fuego y el signo zodiacal Aries. Esta carta representa a un hombre de aspecto regio sentado en un trono adornado con cabezas de carnero. Lleva un manto, una larga barba blanca, un cetro en forma de *ankh* en la mano derecha y un globo terráqueo en la izquierda. Cuando la carta está en posición vertical, representa autoridad, estructura, establecimiento y sentimientos paternales. Si está invertida, significa inflexibilidad, dominación, indisciplina y excesivo control manifiesto.

6. **El Hierofante (V):** Se le asigna la letra hebrea *Vav*. Se asocia con el planeta Venus, el elemento tierra y el signo zodiacal Tauro. Esta carta representa a un líder religioso con la mano derecha en alto, con dos dedos apuntando hacia arriba y dos hacia abajo, simbolizando un puente entre el Cielo y el Infierno. En la mano

izquierda lleva un báculo triple en forma de cruz y una corona de tres hileras. El Hierofante está situado entre dos columnas, una de obediencia y otra de desobediencia. Cuando la carta está en posición vertical, representa la tradición, la ética, la moral, el conformismo y la sabiduría espiritual. Si está invertida, significa subversividad, libertad, rebelión y creencias personales.

7. **Los Enamorados (VI)**: Se le asigna la letra hebrea *Zayin*. Se asocia con el planeta Mercurio, el elemento aire y el signo zodiacal Géminis. Esta carta representa a un hombre y una mujer (a veces Adán y Eva) de pie en lados opuestos de una figura angelical que se cierne sobre ellos en el centro. Cuando la carta está en posición vertical, representa el amor, la armonía, las alianzas y las decisiones. Si está invertida, significa desigualdad, falta de armonía, impotencia e inestabilidad.

8. **El Carro (VII)**: Se le asigna la letra hebrea *Het*. Está asociada a la Luna, al elemento agua y al signo zodiacal Cáncer. Esta carta representa a un hombre en un carro tirado por un par de caballos o esfinges, uno de color negro y el otro blanco. Lleva una corona o casco y una armadura estilizada. El hombre no lleva riendas, pero a veces aparece con una espada o una varita en la mano. Cuando está en posición vertical, la carta representa el éxito, la determinación, el control, la dirección, la acción y la fuerza de voluntad. Si está invertida, significa oposición, incoherencia y falta de fiabilidad.

9. **La Fuerza (VIII)**: Asignada a la letra hebrea *Tet*. Está asociada al Sol, al elemento fuego y al signo zodiacal Leo. Esta carta representa a una mujer inclinada sobre un león, a veces agarrando sus fauces. Algunas versiones muestran el símbolo del infinito sobre su cabeza. Cuando la carta está en posición vertical, representa fuerza, valentía, compasión, persuasión, concentración e influencia. Si está invertida, significa debilidad, inseguridad, letargo y emociones destempladas.

10. **El Ermitaño (IX)**: Se le asigna la letra hebrea *Yod*. Se asocia con el planeta Mercurio, el elemento tierra y el signo zodiacal de Virgo. Esta carta se representa como un anciano encapuchado y embozado en lo alto de una montaña. Tiene un bastón en una mano y un farol encendido en la otra, cuya luz procede de una estrella de seis puntas. La luz del farol simboliza la guía hacia lo

desconocido. Cuando la carta está en posición vertical, representa la soledad, la sabiduría, la iluminación espiritual y la pasión. Si está invertida, significa soledad, terror, ansiedad, tristeza y depresión.

11. **La Rueda de la fortuna (X):** Asignada a la letra hebrea *Kaf*. Se asocia con el planeta Júpiter, el elemento fuego y el signo zodiacal Capricornio. Esta carta suele representar una rueda o la cara de una brújula, y a veces lleva inscritas las letras T-A-R-O cuando se lee en el sentido de las agujas del reloj desde la parte superior. Suele estar rodeada de figuras, animales y otros adornos. Cuando está en posición vertical, la carta representa el azar, el destino, la suerte, el karma, los puntos de inflexión y los ciclos vitales. Si está invertida, significa agitación, cambios no deseados, obstáculos y estar al capricho de fuerzas externas.

12. **La Justicia (XI):** Asignada a la letra hebrea *Lamed*. Se asocia con el planeta Venus, el elemento aire y el signo zodiacal de Libra. Esta carta representa una figura sentada, como un rey o un juez, sosteniendo una espada en la mano derecha y una balanza de oro en la mano izquierda. La balanza simboliza una decisión justa y equilibrada. Cuando la carta está en posición vertical, representa justicia, integridad, legitimidad, racionalidad, civismo y lecciones de vida. Si está invertida, significa injusticia, fraude, irresponsabilidad, deshonestidad, deslealtad, criminalidad o actos de maldad.

13. **El Ahorcado (XII):** Asignada la letra hebrea *Mem*. Está asociada al planeta Venus, al elemento tierra y al signo zodiacal Tauro. Esta carta representa a un hombre colgado cabeza abajo de un árbol o de la horca, sujeto por un pie. A veces tiene un halo dorado para simbolizar el martirio, la expiación o la iluminación. Cuando la carta está en posición vertical, representa el sacrificio, la autorreflexión, la incertidumbre, la liberación y el desarrollo espiritual. Si está invertida, significa egoísmo, estancamiento, malos hábitos y un problema irresoluble.

14. **La Muerte (XIII):** Se le asigna la letra hebrea *Nun*. Está asociada al planeta Plutón, al elemento agua y al signo zodiacal de Escorpio. Esta carta representa a la Muerte blandiendo una guadaña. A veces aparece vestida con una armadura negra y montada en un caballo pálido. En posición vertical, la carta

representa el renacimiento, la transformación, la modestia, el movimiento poderoso, la simplificación y el final de un ciclo. Si está invertida, significa miedo a los nuevos comienzos, restricción, estrechez de mirada y resistencia al cambio.

15. **La Templanza (XIV):** Asignada a la letra hebrea *Samekh*. Se asocia con el planeta Júpiter, el elemento fuego y el signo zodiacal Sagitario. Esta carta representa un ángel alado con un triángulo dentro de un cuadrado en el pecho. Justo encima de estas formas está el Tetragrámaton. El ángel tiene un pie en tierra y el otro en el agua. Cuando la carta está en posición vertical, representa el equilibrio, la moderación, la cooperación y la resolución de problemas. Si está invertida, significa desequilibrio, discordia, exceso de indulgencia, descuido y audacia.

16. **El Diablo (XV):** Se le asigna la letra hebrea *Ayin*. Se asocia con el planeta Saturno, el elemento tierra y el signo zodiacal Capricornio. Esta carta representa una gran figura demoníaca sobre un pedestal con cuernos de carnero, alas de murciélago y pies de arpía. Tiene un pentagrama invertido en la frente, la mano derecha levantada y la izquierda está abajo sosteniendo una antorcha. Hay un par de demonios desnudos con cola, uno masculino y otro femenino, ambos encadenados al pedestal. Cuando está en posición vertical, la carta representa la traición, la depresión, la adicción, el cautiverio, la negatividad y la concentración en las cosas materiales. Si está invertida, significa libertad, independencia, desapego, superación de la adicción y recuperación del poder.

17. **La Torre (XVI):** Se le asigna la letra hebrea *Pe*. Se asocia con el planeta Marte, el elemento fuego y el signo zodiacal Aries. Esta carta representa una gran torre alcanzada por un rayo e incendiada mientras dos personas huyen por una puerta abierta o saltan por las ventanas envueltas en llamas. Cuando está en posición vertical, la carta representa la liberación, la tragedia, las revelaciones, la pérdida y un cambio repentino. Significa evitar la tragedia, resistirse al cambio, retrasar lo inevitable y escapar por los pelos del peligro si está invertida.

18. **La Estrella (XVII):** Se le asigna la letra hebrea *Tsadi* (o *He*). Se asocia con el planeta Urano, el elemento aire y el signo zodiacal Acuario. Esta carta representa a una mujer desnuda arrodillada

junto al agua, con un pie en el agua y el otro en tierra. Tiene un par de jarras en las manos, vertiendo líquido en el agua y en la tierra. Una gran estrella flota sobre su cabeza, y a su alrededor hay siete estrellas más pequeñas que simbolizan los siete chakras. Cuando la carta está en posición vertical, representa la esperanza, la recuperación, la renovación, la generosidad, la creatividad y la inspiración. Si está invertida, significa desesperación, aburrimiento, desesperanza, desánimo y falta de creatividad o inspiración.

19. **La Luna (XVIII):** Se le asigna la letra hebrea *Qof.* Se asocia con el planeta Neptuno, el elemento agua y el signo zodiacal Piscis. Esta carta representa una escena nocturna en la que un lobo salvaje y un perro domesticado aúllan a la luna. La luna tiene dieciséis rayos grandes y dieciséis rayos pequeños, así como quince gotas de rocío que caen de ella. Hay dos pilares en lados opuestos de la carta, y agua cerca de la parte inferior de la carta con un cangrejo de río que sale a la tierra. Cuando la carta está en posición vertical, representa confusión, miedo, ansiedad, ilusión y riesgo. Si está invertida, significa claridad, vencer la ansiedad, superar el miedo y descubrir la verdad.

20. **El Sol (XIX):** Se le asigna la letra hebrea *Resh.* Se asocia con el Sol, el elemento fuego y el signo zodiacal Leo. Esta carta representa un sol antropomorfizado del que salen largos rayos y una hilera de girasoles debajo. Hay un bebé montado en un corcel blanco y sosteniendo un estandarte o bandera roja, que simboliza la sangre de la renovación. Cuando la carta está en posición vertical, representa el éxito, la felicidad, la verdad, la fertilidad y el optimismo. Si está invertida, significa fracaso, procrastinación, tristeza y mentiras.

21. **El Juicio (XX):** Se le asigna la letra hebrea *Shin.* Se asocia con el planeta Plutón y el elemento fuego, pero no tiene signo zodiacal correspondiente. Esta carta representa un ángel grande y amenazador que está tocando una trompeta con la bandera de San Jorge colgando de ella. A veces se dice que el ángel es Metatrón y una escena del Libro de las Revelaciones. Un grupo de personas cenicientas y cetrinas está de pie alrededor, mirando al ángel con los brazos extendidos hacia él. Simbolizan a los resucitados que salen de sus tumbas. Cuando está en posición vertical, la carta representa el renacimiento, el despertar, la

reflexión, la absolución, el ajuste de cuentas y una llamada espiritual. Si está invertida, significa incertidumbre, inseguridad, indecisión, abatimiento y melancolía.

22. **El Mundo (XXI):** Se le asigna la letra hebrea *Tav*. Está asociada al planeta Saturno y al elemento tierra, y tampoco tiene signo zodiacal correspondiente. Esta carta representa a una mujer desnuda bailando sobre la Tierra. Está rodeada por una corona o por un ouroboros que se come la cola. En las cuatro esquinas de la carta hay figuras: un hombre arriba a la izquierda, un águila arriba a la derecha, un buey abajo a la izquierda y un león abajo a la derecha. Cuando la carta está en posición vertical, representa la unidad, la integración, la realización, la culminación y un gran viaje. Si está invertida, significa vacío, incompletitud, atajos, retrasos y confinamiento.

Principios cabalísticos de las cartas de los arcanos mayores del tarot

En la cábala, las cartas de los arcanos mayores del tarot tienen un significado esotérico especial. Son considerados como una «Biblia de las biblias», capaz de revelar todas las verdades de la creación. Dado que cada carta de los arcanos mayores tiene rasgos y características específicos asociados a ella, al realizar una lectura, desvelan los secretos del alma de una persona y descubren los misterios del pasado, presente y futuro. Los arquetipos representados en cada carta representan los diversos aspectos humanos y divinos del mundo. Existe un cuidadoso equilibrio entre el consciente y el subconsciente, el reino físico y el metafísico, las emociones positivas y las negativas, el bien y el mal, y el hombre y Dios.

Conexión con los 22 caminos

La cábala introduce una conexión con las sefirot y el Árbol de la vida en las cartas de los arcanos mayores. Cada carta con nombre está asociada a un camino específico a lo largo del Árbol que corresponde a sus atributos estándar. Hay tres subconjuntos distintos de caminos sefiróticos dentro del Árbol de la vida: la columna de la derecha se llama el Pilar de la misericordia, que encarna el lado positivo, activo y masculino. La columna de la izquierda se llama el Pilar del juicio y posee el lado negativo, pasivo y femenino. La columna del centro se llama el Pilar de la armonía y reconcilia los dos lados opuestos equilibrándolos.

Las cartas del tarot de los arcanos mayores y sus caminos sefirot asociados incluyen:

1. **El Loco:** *Keter* a *Chochmah* (Pilar de la misericordia)
2. **El Mago:** *Keter* a *Binah* (Pilar de la misericordia)
3. **La Suma Sacerdotisa:** *Keter* a *Tiferet* (Pilar de la armonía)
4. **La Emperatriz:** *Chochmah* a *Binah* (Pilar de la armonía)
5. **El Emperador:** *Jojmah* a *Tiferet* (Pilar de la misericordia)
6. **El Hierofante:** *Chochmah* a *Chesed* (Pilar de la misericordia)
7. **Los Amantes:** *Binah* a *Tiferet* (Pilar de la misericordia)
8. **El Carro:** *Binah* a *Geburah* (Pilar de la misericordia)
9. **La Fuerza:** *Chesed* a *Geburah* (Pilar de la armonía)
10. **El Ermitaño:** *Chesed* a *Tiferet* (Pilar de la misericordia)
11. **La Rueda de la Fortuna:** *Chesed* a *Netsach* (Pilar de la misericordia)
12. **La Justicia:** *Geburah* a *Tiferet* (Pilar de la misericordia)
13. **El Ahorcado:** *Geburah* a *Hod* (Pilar de la misericordia)
14. **La Muerte:** *Tiferet* a *Netsaj* (Pilar de la misericordia)
15. **La Templanza:** *Tiferet* a *Yesod* (Pilar de la armonía)
16. **El Diablo:** *Hod* a *Tiferet* (Pilar de la misericordia)
17. **La Torre:** *Netsaj* a *Hod* (Pilar de la armonía)
18. **La Estrella:** *Yesod* a *Netsaj* (Pilar de la misericordia)
19. **La Luna:** *Netsaj* a *Malkuth* (Pilar de la misericordia).
20. **El Sol:** *Yesod* a *Hod* (Pilar de la misericordia)
21. **El Juicio:** *Hod* a *Malkuth* (Pilar de la misericordia)
22. **El Mundo:** *Malkuth* a *Yesod* (Pilar de la armonía)

Cartas del tarot de los arcanos menores

Los 56 arcanos menores son los palos del tarot. Son cuatro palos, cada uno con cartas numeradas del 1 al 10. Estas cartas no están ilustradas, solo tienen puntos que denotan su número y palo, o un diseño temáticamente coherente. Algunas barajas utilizan un As en lugar del número 1, mientras que otras solo utilizan su número real. También hay cuatro cartas de la corte en cada palo. Generalmente son el Rey, la

Reina, el Caballero y el Paje, pero algunas versiones sustituyen el Paje por una Sota o una Bribona. Los palos utilizados suelen ser espadas, bastos, copas y oros, pero algunas barajas cambian espadas por picas; bastos por bastones o tréboles; copas por cálices, corazones o vasos; y oros por monedas, pentáculos, anillos, diamantes o discos.

Lista de Cartas

El palo de Espadas representa acciones, palabras y pensamientos:

1. **Uno (As) de espadas:** Cuando está al derecho, esta carta significa triunfo, conquista y gran prosperidad. Si está invertida, se refiere al odio, al fracaso y a una gran miseria.

2. **Dos de espadas:** En posición vertical, esta carta significa meditación, armonía interior y decisiones equilibradas. Si está invertida, significa ceguera, miedo y decisiones precipitadas.

3. **Tres de espadas:** Cuando está vertical, esta carta significa tristeza profunda, relaciones perdidas y muerte accidental. Si está invertida, se refiere a una pena mitigada, conexiones perdidas y asesinatos premeditados.

4. **Cuatro de espadas:** Cuando está en posición vertical, esta carta significa vigilancia, soledad, exilio, ataúd y tumba. Si está invertida, significa precaución, avaricia, testamento, circunspección, economía y sabia administración.

5. **Cinco de espadas:** Cuando está al derecho, esta carta significa confianza, potencia, preparación y victoria. Si está invertida, se refiere a los peligros del exceso de confianza o a una victoria que parece asegurada y que *se convierte en derrota*.

6. **Seis de espadas:** Cuando está en posición vertical, esta carta significa movimiento, viajes largos, huida del peligro, huida de los problemas, alivio del dolor y cambio gradual. Si está invertida, se refiere a la inmovilidad, el movimiento hacia el peligro, el dolor interminable y el cambio repentino.

7. **Siete de espadas:** Cuando está en posición vertical, esta carta significa mente, intelecto y diplomacia sobre violencia. Si está invertida, significa pensar demasiado, rendirse y desinterés por resolver un problema.

8. **Ocho de espadas:** Cuando está en posición vertical, esta carta significa situaciones imposibles, sacrificio y soportar el dolor para escapar de una trampa. Si está invertida, se refiere al miedo a

actuar, la indecisión a la hora de hablar y la aceptación del cautiverio.

9. **Nueve de espadas:** Cuando está derecha, esta carta significa premoniciones, engaño, pesadillas, depresión, sufrimiento, escándalo, violencia, decepción y crueldad. Si está invertida, se refiere a miedos infundados, culpa, duda, desconfianza, miseria, malicia, sospecha, encarcelamiento y aislamiento.

10. **Diez de espadas:** Cuando está derecha, esta carta significa situaciones sombrías, angustia mental y destrucción temporal. Si está invertida, se refiere a problemas a largo plazo, encontrar el lado bueno de las cosas y moderar la desesperación para salvaguardar futuras oportunidades de éxito.

11. **Paje de espadas:** Cuando está en posición vertical, esta carta significa curiosidad, movimiento libre y energía fuerte. Si está invertida, significa movimiento entorpecido, estorbo e indolencia.

12. **Caballero de espadas:** Cuando está derecha, esta carta significa valor insensato, mentiras astutas, embaucadores confiados y secretos. Si está invertida, se refiere a reconsiderar acciones, evitar errores y permanecer fiel.

13. **Reina de espadas:** Cuando está en posición vertical, esta carta significa libertad de expresión, pensamientos sin filtros, inteligencia activa y claridad mental. Si está invertida, se refiere a pensamientos nublados, censura y torpeza.

14. **Rey de espadas:** Cuando está en posición vertical, esta carta significa decisión, razón, comprensión y grandeza de corazón. Si está invertida, se refiere a la crueldad, el juicio excesivo y la falta de iluminación.

El palo de bastos representa la pasión, la motivación y la energía:

1. **Uno (As) de bastos:** Cuando está vertical, esta carta significa nacimiento, ambición, creatividad, buena fortuna, comienzo, inventiva y nuevos comienzos. Si está invertida, se refiere a retraso en el progreso, pérdida de riqueza, enfermedad y avaricia.

2. **Dos de bastos:** Cuando está en posición vertical, esta carta significa logros, audacia, asociación y objetivos. Si está invertida, se refiere a la ansiedad, la duda, la mansedumbre y el ir a lo seguro.

3. **Tres de bastos:** Cuando está derecha, esta carta significa éxito a largo plazo, viajes, nuevos comienzos, comercio y aventura. Si está

invertida, se refiere a la cesación, la decepción, el trabajo duro y la finalización de una tarea.

4. **Cuatro de bastos:** Cuando está en posición vertical, esta carta significa armonía, prosperidad, celebraciones, placer y felicidad. Si está invertida, se refiere a la fugacidad, las cargas, la falta de apoyo, los conflictos en el hogar y la sensación de no ser bienvenido.

5. **Cinco de bastos:** Cuando está derecha, esta carta significa agresión, tensión, conflicto, rivalidad, competición, discusiones y desacuerdo. Si está invertida, se refiere a cooperación, tregua, paz y resolución o evitación de conflictos.

6. **Seis de bastos:** Cuando está en posición vertical, esta carta significa triunfo, confianza, recompensas, alabanzas, reconocimiento, aclamación y orgullo. Si está invertida, significa fracaso, sentirse ignorado, pérdidas financieras, malas inversiones y trabajo sin reconocimiento.

7. **Siete de bastos:** Cuando está derecha, esta carta significa autodefensa, protección, lucha por el amor, vencer las probabilidades y emprender un desafío. Si está invertida, se refiere a ceder terreno, rendirse, estar a la defensiva, perder una competición o fracasar por exceso de confianza.

8. **Ocho de bastos:** Cuando está derecha, esta carta significa rapidez, decisiones rápidas, excitación, velocidad y progreso. Si está invertida, se refiere a malentendidos, caos, precipitación, espera, falta de preparación y pereza.

9. **Nueve de bastos:** Cuando está en posición vertical, esta carta significa persistencia, perseverancia, agallas, fatiga y último aliento. Si está invertida, se refiere a la actitud defensiva, la terquedad, la rigidez y el rechazo al compromiso.

10. **Diez de bastos:** Cuando está derecha, esta carta significa responsabilidad, deber, obligación, lucha, cargas, estrés y agotamiento. Si está invertida, se refiere a ruptura, colapso, asumir demasiadas responsabilidades e incapacidad para delegar.

11. **Paje de bastos:** Cuando está derecha, esta carta significa entusiasmo, alegría, aventura, extroversión, energía y nuevas ideas. Si está invertida, se refiere a impaciencia, rabietas, aburrimiento, pereza, distracciones y falta de fiabilidad.

12. **Caballero de bastos:** Cuando está en posición vertical, esta carta significa encanto, rebeldía, heroísmo, valor, energía, temperamento ardiente y espíritus libres. Si está invertida, se refiere a imprudencia, arrogancia, impaciencia, pasividad, volatilidad y dominación.
13. **Reina de bastos:** Cuando está derecha, esta carta significa confianza, carisma, determinación, optimismo, seguridad en sí mismo, vivacidad y sociabilidad. Si está invertida, se refiere a venganza, celos, temperamento, exigencia, egoísmo, timidez e intimidación.
14. **Rey de bastos:** Cuando está derecha, esta carta significa visión, liderazgo, audacia, toma de control y visión de conjunto. Si está invertida, se refiere a tiranía, vileza, impotencia, contundencia, ineficacia y debilidad.

El palo de copas representa los sentimientos, las emociones, la creatividad y la intuición:

1. **Uno (As) de copas:** Cuando está derecha, esta carta significa amor, creatividad, espiritualidad, despertar emocional, intuición y nuevos sentimientos. Si está invertida, se refiere al vacío, la frigidez, la melancolía, la pérdida emocional, el sentimiento de no ser amado y el bloqueo creativo.
2. **Dos de copas:** Cuando está en posición vertical, esta carta significa atracción, unidad, respeto mutuo, asociación, conexión y creación de vínculos estrechos. Si está invertida, se refiere a rechazo, desequilibrio, separación, tensión, retraimiento, división y mala comunicación.
3. **Tres de copas:** Cuando está en posición vertical, esta carta significa comunidad, amistad, reuniones, celebraciones, acontecimientos sociales y actividades de grupo. Si está invertida, se refiere a excesos, escándalos, cotilleos, soledad, aislamiento, soledad y desequilibrio social.
4. **Cuatro de copas:** Cuando está derecha, esta carta significa apatía, melancolía, aburrimiento, contemplación, descontento, indiferencia y sensación de desconexión. Si está invertida, se refiere a conciencia, negatividad, claridad, aceptación, depresión y optar por la felicidad.
5. **Cinco de copas:** Cuando está derecha, esta carta significa tristeza, dolor, pérdida, decepción, luto y descontento. Si está invertida, se

refiere a aceptación, satisfacción, seguir adelante, positividad y alcanzar la paz interior.

6. **Seis de copas:** En posición vertical, esta carta significa nostalgia, sentimentalismo, familiaridad, recuerdos, consuelo, curación y placer. Si está invertida, se refiere a la independencia, a dejar el hogar, a seguir adelante y a quedarse anclado en el pasado.

7. **Siete de copas:** En posición vertical, esta carta significa ilusión, ensueños, fantasía, elecciones, deseos, indecisión y búsqueda de un propósito. Si está invertida, se refiere a distracción, diversión, desorden, claridad, sentirse a la deriva y tomar una decisión.

8. **Ocho de copas:** Cuando está derecha, esta carta significa búsqueda de la verdad, abandono, dejarse llevar, escapismo y elegir la felicidad por encima del dinero. Si está invertida, se refiere al estancamiento, la evitación, la monotonía, el miedo al cambio, la aceptación de la pérdida y la permanencia en una mala situación.

9. **Nueve de copas:** Cuando está derecha, esta carta significa satisfacción, éxito, reconocimiento, logro, placer y cumplimiento de deseos. Si está invertida, se refiere a decepción, infelicidad, arrogancia, logros insuficientes, esnobismo y falta de realización.

10. **Diez de copas:** Cuando está derecha, esta carta significa regreso al hogar, seguridad, felicidad, estabilidad emocional y armonía doméstica. Si está invertida, se refiere a separación, desarmonía, aislamiento y conflicto doméstico.

11. **Paje de copas:** En posición vertical, esta carta significa sensibilidad, ingenuidad, idealismo, inocencia y niño interior. Si está invertida, se refiere a la inmadurez, la inseguridad, el escapismo, la vulnerabilidad emocional y el descuido del niño interior.

12. **Caballero de copas:** Cuando está en posición vertical, esta carta significa encanto, arte, gracia, idealismo, tacto, diplomacia, mediación y negociación. Si está invertida, significa mal humor, decepción, agitación, vanidad, rabietas y evitación de conflictos.

13. **Reina de copas:** Cuando está en posición vertical, esta carta significa calidez, compasión, amabilidad, apoyo, intuición, consejo y curación. Si está invertida, se refiere a la inseguridad, la necesidad, la fragilidad, el martirio, la dependencia, compartir demasiado y el exceso de sensibilidad.

14. **Rey de copas:** Cuando está en posición vertical, esta carta significa sabiduría, diplomacia, consejero, devoción y equilibrio entre la cabeza y el corazón. Si está invertida, se refiere a ansiedad, frialdad, represión, retraimiento, manipulación, egoísmo y sensación de agobio.

El palo de oros representa el trabajo, las finanzas y las posesiones materiales:

1. **Uno (As) de oros:** Cuando está en posición vertical, esta carta significa ingenio, abundancia, seguridad, prosperidad, estabilidad, manifestación y nuevas oportunidades. Si está invertida, se refiere a escasez, inestabilidad, deficiencia, tacañería, oportunidades perdidas y malas inversiones.
2. **Dos de oros:** Cuando está en posición vertical, esta carta significa adaptación, flexibilidad, ingenio y equilibrio o estiramiento de los recursos. Si está invertida, se refiere a la desorganización, el desequilibrio, el desorden, el caos, la sobrecarga y la sensación de agobio.
3. **Tres de oros:** Cuando está en posición vertical, esta carta significa trabajo en equipo, colaboración, esfuerzo, aprendizaje, objetivos combinados y energía compartida. Si está invertida, se refiere a la apatía, el conflicto, el egoísmo, la ociosidad, la competencia, la desunión y la falta de cohesión.
4. **Cuatro de oros:** Cuando está derecha, esta carta significa posesividad, tacañería, acaparamiento, seguridad, materialismo, ahorro, frugalidad, riqueza acumulada, límites y vigilancia. Si está invertida, se refiere a la generosidad, la imprudencia, la inseguridad, el gasto imprudente, la vulnerabilidad y la mala gestión financiera.
5. **Cinco de oros:** Cuando está derecha, esta carta significa dificultad, pérdida, adversidad, aislamiento, desgracia, alienación, desempleo, luchas y sensación de abandono. Si está invertida, se refiere al perdón, la superación de la adversidad, la recuperación de la pérdida, los cambios positivos y el bienestar.
6. **Seis de oros:** En posición vertical, esta carta significa caridad, comunidad, apoyo, gratitud, compartir, generosidad y transacciones. Si está invertida, se refiere a la falta de equidad, la extorsión, el abuso de generosidad, la dinámica de poder y los regalos con condiciones.

7. **Siete de oros:** Cuando está en posición vertical, esta carta significa progreso, crecimiento, recompensas, cosecha, resultados, perseverancia, planificación y paciencia. Si está invertida, se refiere al despilfarro, los contratiempos, la impaciencia, la dilación, el estancamiento, la falta de esfuerzo, el trabajo inacabado o el esfuerzo no recompensado.

8. **Ocho de oros:** Cuando está en posición vertical, esta carta significa artesanía, habilidad, talento, calidad, pericia, maestría, dedicación, logros, compromiso y altos estándares. Si está invertida, se refiere a la pereza, la mala reputación, la mala calidad, la falta de habilidad, la desmotivación y el estancamiento en un trabajo sin futuro.

9. **Nueve de oros:** Cuando está derecha, esta carta significa éxito, independencia, logros, ocio, autosuficiencia, seguridad financiera y esfuerzos recompensados. Si está invertida, se refiere a gastos imprudentes, superficialidad, inestabilidad financiera, cautela y vivir por encima de sus posibilidades.

10. **Diez de oros:** Cuando está derecha, esta carta significa ascendencia, legado, familia, raíces, herencia, cimientos, privilegio, riqueza, tradición y estabilidad. Si está invertida, se refiere a bancarrota, deudas, inestabilidad, disputas familiares, conflictos financieros y ruptura de tradiciones.

11. **Paje de oros:** Cuando está en posición vertical, esta carta significa ambición, diligencia, planificación, constancia, estudio, lealtad, fidelidad, fiabilidad y arraigo. Si está invertida, se refiere a la insensatez, la inmadurez, la irresponsabilidad, la dilación, la pereza, el bajo rendimiento y las oportunidades perdidas.

12. **Caballero de oros:** Cuando está en posición vertical, esta carta significa practicidad, eficiencia, fiabilidad, compromiso, paciencia, conservadurismo y firmeza. Si está invertida, se refiere al aburrimiento, la irresponsabilidad, el juego, la indiferencia y la adicción al trabajo.

13. **Reina de oros:** Cuando está en posición vertical, esta carta significa crianza, cuidado, sensibilidad, sentido práctico, acogida, lujo, ser hogareño y tener buena cabeza para los negocios. Si está invertida, se refiere al egoísmo, los celos, la inseguridad, la avaricia, el desaliño, el materialismo, la intolerancia, la envidia, el ensimismamiento y la superficialidad.

14. Rey de oros: Cuando está derecha, esta carta significa prosperidad, ambición, abundancia, seguridad, amabilidad, protección, sensualidad, fiabilidad, visión para los negocios y patriarcado. Si está invertida, se refiere al materialismo, la avaricia, el despilfarro, la explotación, la posesividad, el chovinismo y las malas inversiones.

Principios cabalísticos de las cartas del tarot de los arcanos menores

En la cábala, las cartas del tarot de los arcanos menores representan los aspectos más mundanos de la vida. Las cartas de la corte simbolizan los tipos de personas que conocerá en el día a día. Las espadas encarnan a los nobles y al personal militar, los bastos representan a los artesanos y artistas, las copas hacen referencia al clero y los oros muestran a los mercaderes, a los vendedores y a los comerciantes. Las diez cartas numeradas también pueden equipararse con las diez sefirot del Árbol de la vida y sus principales atributos. Esto incluye:

- **Unos (Ases):** *Keter* - Corona (Punta)
- **Dos:** *Chochmah* - Sabiduría (Fuerza)
- **Treses:** *Binah* - Entendimiento (Forma)
- **Cuatros:** *Chesed* - Amor o misericordia (Expansión)
- **Cincos:** *Geburah* - Fuerza (Organizar)
- **Seises:** *Tiferet* - Belleza (Conciencia)
- **Siete:** *Netsach* - Victoria (Emociones)
- **Ochos:** *Hod* - Gloria (Mente)
- **Nueves:** *Yesod* - Fundación (Psique)
- **Decenas:** *Malkuth* - Reino (Actividad)

Los cuatro palos y los mundos cabalísticos

Cada palo de los arcanos menores corresponde a uno de los cuatro mundos del Árbol de la vida cabalístico. También tienen una conexión con diferentes aspectos de los reinos metafísicos y facetas de la vida. Estos incluyen:

- **Espadas:** *Yetzirah* - Formación (Pensamiento)
- **Varitas:** *Atziluth* - Emanación (Espíritu)

- **Copas:** *Beriah* - Creación (Sentimiento)
- **Oros:** *Assiah* - Acción (Hacer)

La cábala profundiza en los secretos del mundo oculto, y la correlación entre los palos de los arcanos menores y los cuatro mundos, combinada con las cartas numeradas y las sefirot, se expresan a través de versos específicos y palabras clave utilizando las indicaciones de «La vida es...» o «La creación es...». Por ejemplo:

- El Cuatro de espadas se asociaría con la sefirá de *Chesed* y el mundo de *Yetzirah*. Traducido a través de los atributos correspondientes, esto se vería como «La vida es un crecimiento de su forma de pensar». Esto puede ajustarse para que diga: «La vida permite el crecimiento de su forma de pensar».
- El Diez de oros se asocia con la sefirá de *Malkuth* y el mundo de *Assiah*. Se traduciría como «La creación es la actividad de hacer», o ajustado, se convierte en «La creación es el acto de hacer».
- El Siete de copas está asociado con *Netsaj* y *Beriah*. Se traduciría como «La vida son las emociones que siente» o «La vida es experimentar todas las emociones».
- El Seis de bastos se asocia con *Tiferet* y *Atziluth*. Se traduce como «La vida es una conciencia de su espíritu» o «La vida tiene un despertar espiritual».

El tarot y el tetragrámaton

El tetragrámaton, o las cuatro letras hebreas que componen el nombre de Dios, se puede asociar con los cuatro palos de los arcanos menores. Como a cada carta de los arcanos mayores se le asigna una letra hebrea, también se corresponden con el Tetragrámaton. Suele traducirse como *Yod-He-Vav-He* (יהוה). Se dice que quienes aprenden a pronunciar correctamente este nombre poseen el poder de liberar todo el conocimiento oculto del universo.

Al relacionar el tetragrámaton con los arcanos menores, hay que fijarse en los valores numéricos de cada letra hebrea: *Yod* es 10, *He* es 5 y *Vav* es 6.

Por lo tanto, las cartas elegidas para representarlo serían:

10 de espadas,

5 de bastos,

6 de copas,

5 de oros.

Representado utilizando las combinaciones de las sefirot y cuatro mundos, sería:

Malkuth y *Yetzirah*

Geburah y *Atziluth*

Tiferet y *Beriah*

Geburah y *Assiah*

Si se toman las cartas de los arcanos mayores relacionadas con el Tetragrámaton, se obtienen las correspondencias del Ermitaño por *Yod*, el Emperador por *He*, el Hierofante por *Vav* y el Emperador por *He* de nuevo. Estas cartas pueden combinarse con los cuatro mundos, al igual que los arcanos menores, o pueden tomarse por separado, observando los caminos asociados a lo largo del Árbol de la vida. Curiosamente, todas tienen que ver con las mismas tres sefirot: *Chochmah*, *Chesed* y *Tiferet*. El Ermitaño está emparejado con *Chesed* hacia *Tiferet*, el Emperador con *Chochmah* hacia *Tiferet* y el Hierofante con *Chochmah* hacia *Chesed*.

Al observar un diagrama del Árbol de la vida, se puede ver que estos tres caminos crean la forma de un triángulo irregular en la parte superior derecha. El tres es un número sagrado en la cábala, al igual que en el judaísmo, el islam y el cristianismo. Hay tres partes en la Torá, tres patriarcas y tres ángeles visitaron a Abraham, y el pueblo judío debe rezar tres veces al día. Las doce tribus de Israel se disponían en cuatro grupos iguales de tres tribus cada uno alrededor del Tabernáculo. Esto refleja cómo el tetragrámaton utiliza tres letras hebreas individuales en un conjunto de cuatro para deletrear el nombre de Dios.

Capítulo 10: Lectura cabalística del tarot

Ahora que entiende las cartas individuales de la baraja de tarot y lo que representan, es el momento de aprender a realizar una lectura con ellos. Las lecturas son el método utilizado para descubrir los secretos sobre usted mismo y su vida, por lo que son un componente clave de la cábala y el tarot. Sin saber cómo realizar correctamente una lectura, todo lo demás es inútil. Esto es algo que requiere mucha práctica (nadie lo hace perfectamente bien en su primer intento), así que no se sienta desanimado si le lleva tiempo cogerle el truco. Realizar una lectura exhaustiva requiere años de cuidadoso estudio para dominarla, pero se puede aprender a hacer una lectura relativamente básica mucho más rápido.

Se necesita práctica y concentración para ser capaz de leer el tarot correctamente
https://unsplash.com/photos/Ka-speuU7W4

Preparación de una lectura

Es necesario realizar los preparativos adecuados antes de hacer una lectura para garantizar el éxito. Si no sigue estos pasos, todo el proceso se echará a perder y los resultados podrán ser erróneos o malinterpretados. Lo más importante que debe recordar es mantenerse siempre concentrado. No deje que su atención se desvíe porque, mientras prepara su baraja, habrá una conexión entre su mente, su cuerpo y su espíritu. Incluso su estado emocional puede influir en la lectura, así que intente mantener la calma y la serenidad mientras se prepara.

Elija su baraja

Lo primero que debe hacer es elegir su baraja. Asegúrese de que tiene las 78 cartas con los arcanos mayores y menores correctos, como se indica en el capítulo anterior. Una opción popular para los cabalistas es la baraja Rider-Waite, que cuenta con la configuración correcta y tiene ilustraciones icónicas más a menudo asociadas con el tarot. Su decisión es importante, ya que las cartas específicas que tenga en su baraja determinarán los rasgos y características disponibles al realizar una lectura.

Barajar las cartas

Después de tener su baraja de cartas de tarot elegida, debe barajar. Sin embargo, esto no es lo mismo que barajar cartas de juego. Mientras baraja, debe meditar sobre las áreas de su vida en las que busca más claridad. Esto forma parte del aspecto místico de la lectura del tarot. Al pensar en las respuestas que desea conocer, emite esa energía utilizando la baraja como conducto y manifiesta los resultados imbuyendo cada carta con esa energía metafísica. También tiene que decidir si quiere incluir cartas invertidas. Estas tienen diferentes significados asociados, y si quiere incluirlas, debe alterar la manera en la que baraja para hacer aleatoria la orientación de cada carta.

Limpiar y reajustar la baraja

Si ha utilizado la baraja de tarot para realizar una lectura antes, debe limpiarla y restablecerla. Esto implica barajar de nuevo al menos una vez, pero por lo general se necesitan varias barajadas para hacerlo bien. El objetivo es eliminar cualquier energía residual de su lectura anterior, ya que unas cartas «contaminadas» tienen un impacto negativo en su próxima lectura. Una forma sencilla de asegurarse de que las cartas se han limpiado y han vuelto a su estado neutro consiste en dividir el mazo en tres partes, barajar cada una por separado y luego volver a combinarlas para una última barajada.

Elija una tirada

En las lecturas de tarot, una tirada es una estructura que se utiliza para buscar las respuestas a lo que se desea conocer. Cada una de las posiciones en las que coloca las cartas refleja un aspecto particular de sus consultas. Hay tiradas relativamente sencillas que utilizan menos cartas, por lo que son fáciles de aprender para los principiantes. Sin embargo, la cantidad de detalles y profundidad en una lectura depende de cuántas cartas haya en la tirada. Cuantas más cartas utilice, más exhaustivas serán sus respuestas, pero también requiere más práctica y concentración.

Tirada de tres cartas

Si está empezando a leer las cartas del tarot, lo mejor es hacerlo poco a poco. Para su primer intento, haga lo que se conoce como tirada de tres cartas. Su estructura es bastante fácil de entender, ya que solo utiliza tres cartas. En las dos configuraciones más comunes representan el pasado, el presente y el futuro y el yo, el camino y el potencial. Piense en la pregunta a la que desea obtener respuesta y céntrese en ella. Piense en los entresijos de lo que pide y dígalo en voz alta si le ayuda a visualizarlo. Una vez que haya dado a conocer sus intenciones, lo único que tiene que hacer es colocar la baraja boca abajo sobre una superficie y sacar una carta de la parte superior. De izquierda a derecha, coloque tres cartas en una fila horizontal.

Con la primera configuración, la carta de más a la izquierda es el pasado, la del medio es el presente y la de más a la derecha es el futuro. Con la segunda configuración, la de la izquierda será el yo, la del medio será el camino y la de la derecha será el potencial. Después de haber colocado las tres cartas, piense en lo que significan utilizando su primera impresión e intuición. Más adelante buscará sus significados correctos, pero es bueno que tenga en cuenta su reacción visceral. A veces, su mente inconsciente capta algo de lo que no se ha dado cuenta. Piense en cómo lo hace sentir cada carta basándose en sus nombres, números e ilustraciones. Recuerde que no todo es lo que parece: un significado puede parecer obvio a primera vista y puede representar algo muy diferente una vez que lo analiza con la información adecuada.

Tras las primeras impresiones, consulte las listas de los capítulos anteriores para averiguar qué representan realmente sus cartas. Recuerde el significado de la colocación de cada carta, ya que sus rasgos y características informan cómo se interpretan en función de si la carta está revelando algo sobre el pasado, el presente o el futuro. Alternativamente, reflexione sobre cómo puede alterarse el significado dependiendo de si conecta con el yo, el camino o el potencial. Como solo está usando tres cartas, no tiene que dar sentido a demasiada información. Aun así, interpretar el significado de las cartas puede llevarle varios intentos, así que prepárese para un segundo o tercer intento antes de sentirse más cómodo realizando una lectura.

Ejemplos de lectura de una tirada de tres cartas

En una tirada de tres cartas utilizando la primera configuración, si le sale el Loco en el pasado, el Dos de copas en el presente y la Luna en el futuro, al hacer la pregunta «¿Debería pedirle matrimonio a mi pareja?»:

- **Pasado:** Estuvo abierto a nuevas relaciones posibles y no se atuvo a los títulos convencionales ni a los roles de género. Aprendió por prueba y error en relaciones pasadas lo que quiere en un cónyuge y lo que se necesita para mantenerlo sano. Entabló relaciones con confianza y entusiasmo, pero tenía expectativas poco realistas. No había mucha planificación para el futuro y el curso que tomaron sus relaciones puede haber parecido insensato a los demás. Sin embargo, incluso después de haber sido herido en el pasado, se negó a dejar que eso lo detuviera y estuvo dispuesto a abrir su corazón a alguien nuevo.

- **Presente:** Los polos opuestos se atraen, y puede que haya mucho magnetismo en su relación actual. Han bailado la danza del cortejo, entrelazado sus energías y sentido las chispas entre ambos. Los lazos afectivos se han forjado de forma natural y ambos parecen complementarse en comportamiento y temperamento, al tiempo que comparten muchos intereses. Su relación es muy afectuosa y, como espíritus afines, se vislumbra un compromiso o matrimonio en el horizonte.

- **Futuro:** Son creativos, intuitivos y empáticos. Las cosas en su relación pueden volverse intensas, pero debe controlar sus emociones. Existe el riesgo de dar rienda suelta a su imaginación, volviéndose paranoico e histérico cuando algo desencadena recuerdos de relaciones fallidas del pasado. Usted o su pareja sufrirán cambios de humor extremos y se volverán casi tan extraños como unos completos desconocidos. Encuentre la manera de vencer su miedo y templar su imaginación. Utilice la luz de la razón para alejarse de las sombras de la decepción y la desesperación.

- En una tirada de tres cartas utilizando la segunda configuración, si obtiene el Ermitaño en el yo, el Nueve de oros en el camino y el Nueve de copas en el potencial, al hacer la pregunta: «¿Conseguiré un trabajo como actor?»:

- **El yo:** Piense profundamente por qué desea convertirse en actor. ¿Qué faceta de la profesión le atrae más? Puede que le encante contar historias a través de un medio visual, utilizando su lenguaje corporal, sus expresiones faciales y su forma de hablar para transmitir significado al público. Tal vez desee ser rico y famoso y vea en la interpretación una forma de conseguirlo. Sin embargo, ser actor puede ser una existencia solitaria. Puede que conecte profundamente con quienes le observan, pero la pantalla o el escenario lo separan de ellos. Los fanáticos lo buscan, pero no pueden identificarse con usted ni con su realidad. Otros actores se enfrentan a los mismos problemas, pero no siempre es fácil forjar vínculos duraderos cuando las personas con las que trabaja cambian constantemente. Considere si es algo que puede manejar y si el resultado merece el sacrificio.

- **El camino:** Alcanzar el nivel de fama que busca como actor tiene un precio. Al principio, puede pasar apuros por falta de un sueldo estable. Hasta que sea económicamente independiente, tendrá que recurrir a otros trabajos con horarios flexibles para acomodarse al proceso de audición, o necesitará que otra persona subvencione sus responsabilidades financieras. Una vez que alcance su objetivo, encontrará dinero en abundancia y dispondrá de todos los lujos. Ser autosuficiente le creará una sensación de satisfacción, especialmente si carece de independencia financiera antes de alcanzar su sueño.
- **El potencial:** Convertirse en actor lo llenará de satisfacción. Estará muy contento de hacer lo que le gusta como profesión. Estará muy agradecido con todos los que le ayudaron a triunfar y hará todo lo posible para devolverles su amabilidad. Sin embargo, evite las trampas de la prosperidad profesional y financiera. Es demasiado fácil dejar que el disfrute del lujo se transforme en avaricia y materialismo. Excederse en cualquier cosa que le proporcione felicidad puede hacer que de repente le sepa agrio. Encontrar la paz interior le ayudará a centrarse e impedirá que se salga demasiado del camino. Recuérdelo y siempre sabrá encontrar el camino de vuelta.

Tirada del tarot cabalístico del Árbol de la vida

La tirada del tarot cabalístico del Árbol de la vida consiste en estructurar las cartas en las mismas posiciones que las sefirot en el Árbol de la vida. Empezando por arriba, en la posición de *Keter*, se colocan las cartas de derecha a izquierda. El aspecto será el siguiente:

- Primera carta arriba en el centro, representando a *Keter*.
- Segunda carta abajo y a la derecha de la primera, representando a *Chochmah*.
- Tercera carta en el lado opuesto del Árbol, representando a *Binah*.
- Cuarta carta debajo de la segunda, representando a *Chesed*.

- Quinta carta debajo de la tercera, representando a *Geburah*.
- Sexta carta abajo y a la izquierda de la cuarta carta o abajo y a la derecha de la quinta carta, representando a *Tiferet*.
- Séptima carta debajo de la cuarta carta, representando a *Netsach*.
- Octava carta debajo de la quinta carta, representando a *Hod*.
- Novena carta debajo de la sexta carta, representando a *Yesod*.
- Décima carta bajo la novena, representando a *Malkuth*.

Cada posición de la tirada del Árbol de la vida está asociada a un rasgo particular. Estas se conectan con diez de las doce casas astrológicas, y dos se combinan con casas similares para encajar en la estructura de diez cartas. La lista de las casas que pertenecen a cada carta es:

- **Primera carta:** Uno mismo
- **Segunda carta:** Estatus social
- **Tercera carta:** Inconsciente
- **Cuarta carta:** Hogar y familia
- **Quinta carta:** Parejas y amistades
- **Sexta carta:** Posesiones
- **Séptima carta:** Comunicación
- **Octava carta:** Filosofía
- **Novena carta:** Salud y placer
- **Décima carta:** Transformación

Ejemplos de lectura de la tirada del Árbol de la vida
Ejemplo #1

He aquí un ejemplo de lectura de una tirada del Árbol de la vida cuando se plantea la pregunta: «¿Debo contratar a mi sobrino para un puesto vacante en mi empresa, aunque no sea el candidato más calificado?»:

- **Primera carta:** Paje de espadas
- **Segunda carta:** Rey de espadas
- **Tercera carta:** Caballero de copas
- **Cuarta carta:** Tres de bastos
- **Quinta carta:** Nueve de espadas

- **Sexta carta:** As de oros
- **Séptima carta:** Siete de bastos
- **Octava carta:** Tres de espadas
- **Novena carta:** Rey de copas
- **Décima carta:** La Rueda de la fortuna

Primera carta: Debe ser juicioso con su elección. Este es un momento de cambios positivos en su vida. No se agobie tomando una decisión que se volverá en su contra.

Segunda carta: Debe tomar su decisión sin prejuicios. No se deje llevar por favoritismos o nepotismo. Contratar a alguien por presiones o influencias externas no es una buena idea.

Tercera carta: Es el momento de la creatividad y la pasión por la acción de la reunión. La persona que contrate debe tener las mismas ganas de hacer este trabajo. Aunque puede que sienta benevolencia al ayudar a su sobrino, quizás luego desee haber elegido a un candidato mejor si no rinde a la altura de sus expectativas.

Cuarta carta: Los planes para el puesto vacante en el trabajo ya están avanzando. Quienquiera que sea contratado debe ser capaz de ponerse manos a la obra. Habrá muchas oportunidades para que el nuevo empleado demuestre su valía, pero solo tendrá éxito si introduce la pieza correcta en los planes.

Quinta carta: Va a experimentar mucho estrés por su decisión. Haga lo que haga, alguien va a perder una gran oportunidad. Si contrata a su sobrino, su familia estará contenta, pero también pone en juego su reputación profesional. Si no cumple las expectativas, el enfado y la frustración recaerán sobre usted. En cambio, si contrata a otra persona, su sobrino y su familia estarán furiosos con usted. Habrá mucha tensión durante las reuniones y será visto como una traición.

Sexta carta: Habrá una nueva e inesperada oportunidad para usted en este proceso. El éxito en la contratación del candidato adecuado le conducirá a un camino claro. Sin embargo, primero debe dar los pasos adecuados para lograrlo. Esta oportunidad puede no ser inmediatamente obvia, pero debe confiar en que el camino oculto se revelará cuando llegue el momento.

Séptima carta: Tendrá que adoptar una postura agresiva para enfrentarse a la injusticia. Puede que lo presionen mucho para que contrate a su sobrino, pero sabe que sería un error cuando hay candidatos mejores ahí fuera. Manténgase firme en su decisión, sin importar los problemas que se le presenten.

Octava carta: Habrá mucha tristeza y angustia en el futuro próximo. Las diferencias entre usted y su familia no se reconciliarán fácilmente. Se sentirán mal si no contrata a su sobrino y esta disputa se convertirá en una dolorosa separación. Contemple esta pérdida y piense en los errores que puede haber cometido, como presentar la oferta de trabajo a su sobrino en primer lugar.

Novena carta: Usted es un mentor, un maestro y una figura paterna. Hay una gran madurez y fuerza personal en usted que atrae a la gente. Una de las cosas hacia las que gravitan es su habilidad para predicar con el ejemplo. Demuestre a los demás que tomará la decisión correcta, incluso si no es fácil. Aunque su relación paternal con su sobrino puede verse amenazada, es probable que asuma este papel con el candidato que contrate.

Décima carta: El destino tiene tendencia a girar en nuevas direcciones. Se presentarán nuevas oportunidades y habrá algo inesperado en un futuro próximo. Manténgase abierto a las nuevas puertas que el destino abre para usted. Prepárese para aprovechar el día.

Ejemplo #2

He aquí un ejemplo de lectura de una tirada del Árbol de la vida con la pregunta: «¿Por qué me cuesta tanto hacer amigos?»:

- **Primera carta:** La Templanza
- **Segunda carta:** Siete de bastos
- **Tercera carta:** Seis de espadas
- **Cuarta carta:** La Fuerza
- **Quinta carta:** Nueve de espadas
- **Sexta carta:** Seis de copas
- **Séptima carta:** Reina de copas
- **Octava carta:** Cuatro de bastos
- **Novena carta:** Tres de espadas
- **Décima carta:** Tres de copas

Primera Carta: La moderación es importante en todos los aspectos de su vida, incluyendo las facetas físicas, espirituales, intelectuales y emocionales. Intente seguir un camino intermedio, encontrando un equilibrio entre todo. No se muestre demasiado ansioso por entablar amistad con alguien. La gente se da cuenta de que se esfuerza demasiado y eso les genera desconfianza. Encontrar puntos en común con los demás puede ayudarle a establecer vínculos, pero no busque amistades que solo satisfagan un aspecto de su vida. Cuando conecta con alguien en todas las áreas, los lazos permanecen más fuertes, ya que tienen más en común que si solo tuvieran una conexión intelectual o espiritual.

Segunda carta: Es alguien que se enfrenta a la injusticia y se niega a retroceder, sin importar cuánta gente le diga que se rinda. Esto a veces puede alejar a la gente, pero cualquiera que esté dispuesto a aceptar un trato o una actitud injustos no es el tipo de persona que quiere como amigo. No olvide que no importa cuántos amigos tenga; lo que importa es la calidad de los pocos que hay en su vida.

Tercera carta: Como mucha gente, lleva una buena cantidad de equipaje emocional. Puede que sus amigos lo hayan traicionado o mentido en el pasado y esto le haya impedido establecer conexiones genuinas con las personas que conoce. Hay lugar para los malos recuerdos y el arrepentimiento, pero debe transformarse en alguien con esperanza en lo que está por venir. En lugar de pensar en cuántos amigos ha perdido, mire con ilusión los que hará en el futuro.

Cuarta carta: Es una persona con mucho poder. Esto no significa necesariamente que ejerza el poder, sino que posee mucha fuerza interior. Tiene un fuerte carácter personal y no vacila a la hora de defender sus valores. Canalice esta fuerza y determinación para trabajar en su vida social. El rechazo puede asustar, pero no pasa nada si no le gusta a todo el mundo. Hay alguien ahí fuera que conectará con usted en un nivel más profundo gracias a su fortaleza interior. Recuerde: a mucha gente le gusta comer caramelos, pero no a todo el mundo. Eso no significa que haya algo malo con los caramelos, simplemente puede que tenga que buscar entre los que no lo hacen para encontrar a uno que sí.

Quinta carta: Su falta de vida social le causa mucho estrés y ansiedad. Esto se ha convertido en una profecía autocumplida para usted. Está nervioso y ansioso por conocer gente nueva, así que cuando lo hace, actúa nervioso y ansioso. Esto los hace desistir de la idea de entablar amistad con usted, lo que lo aísla aún más y aumenta su estrés y ansiedad. Se ha convertido en una bola de nieve fuera de control, pero una vez que reconoce que el miedo es autogenerado, puede tomar medidas para liberarse de su control.

Sexta carta: Rodéese de positividad y piense cosas positivas. Esto emite energía positiva, a la que la gente responde. Las amistades pueden traer mucha felicidad a ambas partes, y cuanto más comparta buenos momentos, más recuerdos positivos creará. Esto reforzará sus relaciones y les ayudará a seguir siendo amigos durante mucho tiempo.

Séptima carta: Es una persona tranquila, comprensiva y digna de confianza. Estos son grandes rasgos en un amigo. Si continúa apoyando a los demás y demostrando que es alguien en quien pueden confiar, la fuerza de su amistad aumentará. La compasión puede hacer que alguien se interese por su amistad. Hay muchas personas que poseen los mismos rasgos y puede que también necesiten un buen amigo.

Octava carta: Pronto se producirá el regreso a casa de un antiguo amigo de su círculo. Esta es una oportunidad para reconectar con las personas con las que perdió el contacto o reavivar una amistad descuidada. Puede encontrar consuelo en rostros familiares, y eso conduce a una mayor felicidad. También es posible que al reconectar con un viejo amigo, encuentre uno nuevo entre su círculo social actual.

Novena carta: A veces, las personas se distancian. A medida que las diferencias en sus objetivos y valores se hacen más pronunciadas, puede que simplemente sean demasiado incompatibles. Está bien llorar la pérdida de una amistad, pero no pase demasiado tiempo añorando el pasado. Hay gente nueva que conocer y aventuras que vivir, y no hay necesidad de amargarse por el final de una vieja amistad.

Décima carta: Las buenas amistades incluyen una comunicación abierta y honesta entre ambas partes. No dude en contarle a alguien sus metas, miedos, esperanzas y sueños. Debería celebrar sus amistades, tanto pasadas como presentes, porque le ayudaron a convertirse en la persona que es hoy. Incluso las amistades que salieron mal contribuyeron al maravilloso ser humano en el que se ha convertido, así que agradézcalas. Siéntase libre para expresarse y habrá alguien que se identifique con sus pensamientos e ideas. Así plantará la semilla de una amistad que florecerá en el futuro.

Conclusión

Los beneficios de la cábala y la astrología en el desarrollo espiritual del alma son inacabables. Hay una razón por la que han resistido la prueba del tiempo. Lo que puede aprender sobre usted mismo es inmenso, y aquellos que han practicado la cábala y la astrología dan fe de su aplicabilidad en la vida real. La marcha constante de la ciencia y la tecnología es algo maravilloso, pero siempre hay lugar para la religión, el esoterismo y el misticismo en este mundo. Quedan demasiadas cosas por explicar y descubrir como para afirmar que no tienen cabida en la sociedad moderna.

Es una triste verdad que no todo el mundo respeta las creencias, pero eso no significa que deba renunciar a ellas. Hay más que suficientes personas que comparten su entusiasmo por cosas como la cábala y la astrología para fomentar una comunidad de tamaño saludable. Siéntase orgulloso de la persona que es y de las convicciones que tiene. Lo que ha aprendido a lo largo de este libro no hará más que reforzar esas creencias, ya que ahora sabe lo trascendentales que son realmente la cábala y la astrología. Tienen una historia tan rica que sería una locura suponer que todas las personas que han practicado estas disciplinas a lo largo de miles de años han malgastado su tiempo y energía en algo que no ha dado resultados.

Todas las conexiones entre la cábala, la astrología y el tarot demuestran que hay algo más en ellas de lo que parece. La forma en que cosas como el alfabeto hebreo, las sefirot, el Árbol de la vida, los signos del zodíaco, los planetas astrológicos y los arcanos mayores y menores de una baraja de tarot se entremezclan es similar a las formas de vida simbiótica en un ecosistema natural. Se alimentan unos de otros y mejoran el significado detrás de cada uno de ellos, generando un ciclo perpetuo de la vida, al igual que Dios se describe como «el principio y el fin», mientras que la creación de todo en el medio, las interacciones y asociaciones dentro de cada aspecto de la cábala, la astrología y el tarot están encontrando constantemente nuevas mentes para hacer conexiones.

No hay ningún inconveniente en aprender más sobre la cábala y la astrología. No importa si solo tiene un interés pasajero en ellas o si pretende sumergirse completamente en sus estudios, absorbiendo tanto como sea posible. Puede tomar la información que se le proporciona y utilizarla como un trampolín hacia un mayor conocimiento y comprensión. Al sumergirse en los misterios del universo, puede revelar secretos sobre usted mismo que ni siquiera era consciente de que se escondían en lo más profundo de su ser. Deje que este libro lo siga guiando a lo largo de su viaje por la cábala y la astrología.

Vea más libros escritos por Mari Silva

Su regalo gratuito

¡Gracias por descargar este libro! Si desea aprender más acerca de varios temas de espiritualidad, entonces únase a la comunidad de Mari Silva y obtenga el MP3 de meditación guiada para despertar su tercer ojo. Este MP3 de meditación guiada está diseñado para abrir y fortalecer el tercer ojo para que pueda experimentar un estado superior de conciencia.

https://livetolearn.lpages.co/mari-silva-third-eye-meditation-mp3-spanish/

¡O escanee el código QR!

Referencias

Una visión cabalística de los chakras. (2010, 15 de abril). Bienvenido a la Sociedad de la cábala. https://www.kabbalahsociety.org/wp/articles/a-kabbalistic-view-of-the-chakras/

ABC News. (2006, 6 de enero). ¿Qué hay detrás de la fascinación de Hollywood por la cábala? ABC News. https://abcnews.go.com/2020/story?id=855125&page=1

Achad, F. (2005). El macrocosmos y el microcosmos y cómo, mediante el Árbol de la vida, se puede aprender a unirlos. Editorial Kessinger.

Arcángeles - Miguel-Gabriel-Rafael - ángeles caídos - Lucifer-mammo-asmodeus. (2016, 7 de noviembre). Más griegos que los griegos; greekerthanthegreeks. https://greekerthanthegreeks.com/2016/11/good-versus-evil-eternal-conflict.html

Se ha demostrado que la astrología es la antigua doctrina de los demonios, profesada por los adoradores de Saturno, Júpiter, Marte, el Sol y la Luna, en la que se demuestra que las estrellas planetarias y fijas son los poderes del aire, que con el permiso de Dios son dirigidos por Satanás.../ escrito por un indigno testigo de la verdad de Dios, John Brayne. (s.f.). Umich.edu. https://quod.lib.umich.edu/e/eebo/A29273.0001.001/1:3?rgn=div1;view=fulltext

Astrología y cábala. (2015, 23 de septiembre). Astrología cabalística feminista. https://kabalicastrology.com/astrology-and-kabalah/

Astrología y correspondencias del tarot: Las cartas de los arcanos menores. (2020, 20 de julio). Labyrinthos. https://labyrinthos.co/blogs/learn-tarot-with-labyrinthos-academy/astrology-and-tarot-correspondences-the-minor-arcana-pip-cards

Bakula, J. (2017, 22 de julio). Astrología, reencarnación y los nodos lunares. Ejemplos. https://exemplore.com/astrology/Astrology-and-The-Meaning-of-Moon-Nodes

Belloso, E. (2022, 27 de enero). Astrología maya 101. Luz Media. https://luzmedia.co/mayan-astrology

Bikos, K. (s.f.). El año bisiesto judío o hebreo. Timeanddate.com. https://www.timeanddate.com/date/jewish-leap-year.html

Cábala de famosos: Sin ataduras, salvo a la muñeca. (2004, 25 de julio). Washington Post (Washington, D.C.: 1974). https://www.washingtonpost.com/archive/lifestyle/2004/07/25/celebrity-kabbalah-no-strings-attached-except-to-the-wrist/18a6a6fc-4a87-4f18-9df8-80478f41b734/

Centro de Astrología Psicológica. (s.f.). Centro de Astrología Psicológica - Encarnación. Cpalondon.com. https://www.cpalondon.com/incarnation.html

Chatterjee, D. (2020, 17 de diciembre). Los signos zodiacales más masculinos y femeninos de la astrología. PinkVilla. https://www.pinkvilla.com/lifestyle/people/these-are-most-masculine-and-feminine-zodiac-signs-astrology-584543

A propósito del macrocosmos y el microcosmos y de cómo por medio del Árbol de la vida podemos aprender a unirlos, realizando así la gran obra. (s.f.). Hermetic.com. https://hermetic.com/achad/qbl/qbl-chapter-6

Fernández, M. (2018, 1 de octubre). La reencarnación en las cartas astrológicas. Astrología Evolutiva con Maurice Fernández; Maurice Fernández. https://mauricefernandez.com/reincarnation-astrology-charts/

Encuentre el signo de su nodo norte en astrología: Tablas. (2015, 19 de abril). Cafeastrology.com; Cafe Astrology .com. https://cafeastrology.com/northnodetables.html

Tarot. Loco significado, amor, sentimientos, recto e invertido - guía. (2021, 16 de marzo). MyPandit. https://www.mypandit.com/tarot/major-arcana/the-fool

Piedra preciosa para el planeta Urano. (2020, 23 de julio). Significados y propiedades curativas de los cristales | Cómo usar los cristales. https://meanings.soulcharmsnyc.com/gemstone-for-planet-uranus/

Las piedras preciosas y los cuatro elementos - ¿Cuál le conviene? (s.f.). Gemselect.com.

Las piedras preciosas y los cinco elementos. (s.f.). Gemselect.com

Ginsburg, C. D. (2015). La cábala: Sus doctrinas, desarrollo y literatura. Routledge.

Cábala del tarot gnóstico. (s.f.). CÁBALA TAROT GNÓSTICO.

Introducción a los calendarios. (s.f.). Marina.Mil. https://aa.usno.navy.mil/faq/calendars

Irving, W. (2014). La Alhambra: edición ampliada y anotada. Jazzybee Verlag.

La cábala es una clave de interpretación, «alma» de la Torá (Biblia hebrea), o el sistema místico religioso del judaísmo que pretende una visión de la naturaleza divina. (s.f.). Nuevos-territorios.com. http://www.new-territories.com/blog/india1/wp-content/uploads/2012/05/kabbalah-sacred-geometry.pdf

cábala, L. (2018, 17 de febrero). Nisan - Aries. cábala viva. https://livekabbalah.org/nisan-aries/

Kelly, A. (2018a, 2 de febrero). Los doce signos del zodiaco: Fechas y rasgos de personalidad de cada signo zodiacal. Allure. https://www.allure.com/story/zodiac-sign-personality-traits-dates

Kelly, A. (2018b, 6 de octubre). Qué significan las Casas en su carta astral y cómo encontrarlas. Allure. https://www.allure.com/story/12-astrology-houses-meaning

Kerstein, B. (2018). Cábala. Enciclopedia de historia mundial. https://www.worldhistory.org/Kabbalah/

Lehrich, C. I. (2003). El lenguaje de los demonios y los ángeles: La filosofía ocultista de Cornelius Agrippa. Brill.

Levi, E. (2019). Dogma y ritual de la alta magia. Libro I. Blurb.

Liselle, R. (s.f.). ¿Qué árbol se asocia con su signo zodiacal? | respuestas astrológicas. https://www.astrologyanswers.com/article/arbor-astrology-which-tree-is-associated-with-your-zodiac-sign/

Tarot arcanos mayores. (2021, 3 de abril). MyPandit. https://www.mypandit.com/tarot/major-arcana/

Mazurek, D. (2022, 16 de noviembre). ¿Qué significan las doce casas en astrología? Dictionary.com. https://www.dictionary.com/e/what-do-the-houses-mean-in-astrology/

Media, H. (s.f.). Numerología: Significados cabalísticos del número 9. Voxxthepsychic.com. https://voxxthepsychic.com/kabb-numerologynbr9.html

Meijers, L. D., & Tennekes, J. (1982). Espíritu y materia en la cosmología del judaísmo jasídico. En P. E. de Josselin de Jong & E. Schwimmer (Eds.), antropología simbólica en los países bajos (Vol. 95, pp. 200-221). Brill.

Tabla de gemas planetarias. (s.f.). Astrogems.com. https://www.astrogems.com/planetary_gem_table.php

Planets. (s.f.). Llewellyn.com. https://www.llewellyn.com/encyclopedia/article/76

Los planetas y las sefirot. (s.f.). Librarything.com. https://www.librarything.com/topic/10037

Planetas gobernando las sefirot en el Árbol de la vida. (2020, 14 de abril). Enochian Today. https://enochiantoday.wordpress.com/2020/04/14/planets-ruling-sephiroth-on-the-tree-of-life/

Prusty, M. (2018, 2 de marzo). Nueve planetas y sus piedras preciosas asociadas para mejorar la suerte. Astroguruonline.com; Manoranjan Prusty. https://astroguruonline.com/9-planets-associated-gemstones/

Sricf, R. N. I. (s.f.). Asociaciones entre el arco real y la astrología. Wsimg.com. http://nebula.wsimg.com/9df33fa1cdff047c450b000879cb238f?AccessKeyId=1892C5F96E1E5BB624CD&disposition=0&alloworigin=1

Stardust, L. (2019, 18 de diciembre). Todo lo que necesita saber sobre la comprensión de los nodos en su carta natal. Cosmopolitan. https://www.cosmopolitan.com/lifestyle/a30198931/north-south-node-meaning-placement-birth-chart/

Stardust, L. (2022, 25 de mayo). Cartas del tarot por zodiaco: Mire qué cartas del tarot se alinean con su signo solar. Teen Vogue.

Stelter, G. (2016, 4 de octubre). Chakras: Guía para principiantes sobre los siete chakras. Healthline. https://www.healthline.com/health/fitness-exercise/7-chakras

Número solar en numerología. (s.f.). Astrologyk.com. https://astrologyk.com/numerology/planets/sun

Cartas del tarot - significado, signo solar, planeta y elemento. (s.f.). Probharat.comhttps: //www.probharat.com/astrology/tarot/tarot-card meaning.php?card=fool

Maestros, O. (s.f.-a). Astrología. Kabbalah.com. https://www.kabbalah.com/en/articles/astrology/

Maestros, O. (s.f.-b). Meditaciones para el mes de Aries. Kabbalah.com. https://www.kabbalah.com/en/articles/meditations-for-the-month-of-aries/

Maestros, O. (s.f.-c). El centro de cábala. Kabbalah.com. http://www.kabbalah.com

Maestros, O. (s.f.-d). El calendario cabalístico. Kabbalah.com. https://www.kabbalah.com/en/articles/kabbalistic-calendar/

El primer signo del zodíaco Aries. (s.f.). Zodiac Arts. https://zodiacarts.com/elements/astrology/the-1st-sign-of-the-zodiac-aries/

Los astrogemelos. (2013, 19 de octubre). Las doce casas del zodiaco, definidas. Astrostyle: Astrología y horóscopos diarios, semanales y mensuales por The AstroTwins; Astrostyle by the AstroTwins. https://astrostyle.com/astrology/12-zodiac-houses/

La carta *QOF*. (s.f.). ALEFBET - LA GALERÍA DE ARTE DE LAS LETRAS HEBREAS. https://gabrielelevy.com/pages/the-letter-*Qof*

La letra *RESH* (sin fecha). ALEFBET - LA GALERÍA DE ARTE DE LAS LETRAS HEBREAS. https://gabrielelevy.com/pages/the-letter-*Resh*

Los siete planetas tradicionales. (s.f.). Archangels-and-angels.com. http://www.archangels-and-angels.com/misc/seven_traditional_planets.html

La guía definitiva de astrología floral. (s.f.). Flower Actually. https://www.floweractually.com/blogs/news/the-ultimate-flower-astrology-guide

Los Ángeles del zodiaco - angelarium: La enciclopedia de los ángeles. (s.f.). Angelarium: La enciclopedia de los ángeles. https://www.angelarium.net/zodiac

Thomas, K. (2021, 5 de noviembre). Una guía de los planetas en astrología y qué representa cada uno. New York Post. https://nypost.com/article/astrology-planets-meaning/

Toepel, A. (2005). Demonios planetarios en la literatura antigua judía. Journal for the Study of the Pseudepigrapha, 14(3), 231-238. https://doi.org/10.1177/0951820705053850

Yedidah. (2014, 3 de julio). Cábala: Un lenguaje para la revelación de la luz divina. Nehora School Audio. https://nehoraschool.com/kabbalah-a-language-for-the-revelation-of-the-divine-light/

(N.d.-b). Jabad.org. https://www.chabad.org/kabbalah/article_cdo/aid/380211/jewish/Kabbalah-and-the-Calendar.htm

(N.d.-d). Researchgate.net. https://www.researchgate.net/figure/The-Tree-of-Life-or-32-Mystical-Paths-of-Wisdom-linking-the-10-sefirot-with-the-22_fig1_236826988

(N.d.-e). Researchgate.net. https://www.researchgate.net/publication/249768878_Planetary_Demons_in_Early_Jewish_Literature

www.ingramcontent.com/pod-product-compliance
Lightning Source LLC
Chambersburg PA
CBHW072154200426
43209CB00052B/1200